सुखी गृहस्थ जीवन

भाग–2

लेखक

योगेन्द्र पाल सिंह, एम० ए०, बी० एड०
1327, शम्भू नगर, शिकोहाबाद
(फिरोजाबाद), उ०प्र०

अंतः चेतना के स्वर

मेरे पति श्री योगेन्द्रपाल सिंह जी ने अपनी सेवा निवृत्त होने के उपरान्त जिन दो पुस्तकों का सृजन किया है मुझे इन दोनों पुस्तकों को पढ़ने का सौभाग्य मिला। मेरी सेवानिवृत्त होने के बाद मेरे पास भी समय पर्याप्त था। इस कारण मैंने भी इन्हें बड़े ध्यान पूर्वक एवं लगन के साथ एक दो वार स्वाध्याय किया। प्रथम बार मैं सोचने लगी कि विज्ञान, गणित व अर्थशास्त्र विषयों के अध्यापक होने के बावजूद भी आपने इन पुस्तकों को तैयार किया है। जो मेरे विचार से काबिले तारीफ़ एवं स्वागत योग्य कदम है। यह कार्य अपने बुजुर्गों के आशीर्वाद, पूज्य गुरुदेव व अपने आराध्य की विशेष कृपा से ही संभव है। आपके साहित्य को पढ़कर मुझे ऐसा लग रहा है कि अपने दीर्घकालीन जीवन में पारिवारिक व सामाजिक जीवन के दुर्लभ अनुभव व अनुभूतियों से सराबोर होकर पहले अपने आप को परिपक्व व समृद्ध बनाया है। तब फिर सेवा निवृत्त होने के पश्चात् अपने विचार व भावों के संचय को एक साहित्य के माध्यम से जन मानस के समक्ष प्रस्तुत करने का मन बनाया है।

आपने परिवार व समाज में घटित विभिन्न प्रकार की ज्वलंत समस्याओं को समझते हुए उनका समुचित समाधान देने का भरसक प्रयास किया है।

प्रस्तुत साहित्य में आपने स्पष्ट किया है कि वर्तमान में किस प्रकार जीवन मूल्यों में ह्रास हो रहा है। किस प्रकार प्रेम और भाईचारा समाप्त सा हो रहा है। किस प्रकार इंसानियत व शिष्टाचार में भारी कमी देखने को मिल रही है। आदि ऐसे संवेदनशील पहलू हैं जिन्हें समझना और उनके निराकरण हेतु प्रयास करना आज की अनिवार्य आवश्यकता है।

इस साहित्य का पठन–पाठन करने से मेरे मन में आशाओं से भरा एक भाव जागृत हुआ है कि निश्चित रूप से यह साहित्य समस्त जनमानस के लिए एक अच्छा व स्वच्छ मार्गदर्शन देगा। एक नई प्रकाश की किरण अवश्य ही खिलेगी। साथ ही जीवन मूल्यों को उचित व सार्थक संरक्षण मिलेगा। अमानवीय मूल्यों में अवश्य ही ह्रास होगा। यही मेरी अंतःचेतना के स्वर हैं, जो आप के साहित्य लेखन कार्य के लिए आपका सदैव उत्साह वर्धन करते रहेंगे। इस प्रकार का साहित्य लिखने के लिए आप निश्चित रूप से बधाई के पात्र हैं। आपको मेरी ओर से बहुत बहुत शुभकामनाएं। धन्यवाद।

श्रीमती सरोज कुमारी
पूर्व प्रधानाचार्या
श्री कृषक कन्या इंटर कॉलेज,
वाहनपुर(हाथरस), उत्तर प्रदेश

अनुक्रमणिका

श्री कृष्ण प्रार्थना

श्री कृष्ण गोविन्द हरे मुरारी, हे नाथ नारायण वासुदेवा ॥

पितु मात स्वामी, सखा हमारे, हे नाथ नारायण वासुदेवा ॥

बंदी गृह के, तुम अवतारी, कहीं जन्मे, कहीं पले मुरारी

किसी के जाये, किसी के कहाये, है अद्भुत, हर बात तिहारी ॥

गोकुल में चमके, मथुरा के तारे, हे नाथ नारायण वासुदेवा ॥

अधर पे बंशी, हृदय में राधे, बंट गए दोनों में, आधे आधे

हे राधा नागर, हे भक्त वत्सल, सदैव भक्तों के, काम साधे ॥

वहीं गए, वहीं गए, वहीं गए जहाँ, गए पुकारे ॥

पितु मात स्वामी, सखा हमारे, हे नाथ नारायण वासुदेवा ॥

गीता में उपदेश सुनाया, धर्म युद्ध को धर्म बताया

कर्म तू कर, मत रख फल की इच्छा, यह सन्देश तुम्हीं से पाया

अमर है गीता के बोल सारे, हे नाथ नारायण वासुदेवा ॥

श्री कृष्ण गोविन्द हरे मुरारी, हे नाथ नारायण वासुदेवा ॥

पितु मात स्वामी सखा हमारे, हे नाथ नारायण वासुदेवा ॥

श्रीमद् भागवत कथा से क्या अभिप्राय है ?

एक समय की बात है जब एक ओर द्वापर युग में हस्तिनापुर के कुरुक्षेत्र में कौरवों और पाण्डवों के मध्य चलने वाला धर्म युद्ध अठारह दिनों के उपरांत समाप्ति की ओर था तथा दूसरी ओर गुरु द्रोणाचार्य का पुत्र अश्वत्थामा पांडव कुल का नाश करने के उद्देश्य को लेकर अभिमन्यु की पत्नी उत्तरा का गर्भ नष्ट करने की योजना बना रहा था। इस योजना के तहत उसने 'ऐषीक' नामक अश्त्र को उत्तरा के गर्भ में स्थापित किया। जिसके कारण उत्तरा के गर्भ में मौजूद पिण्ड बुरी तरह झुलस गया। उसी समय उत्तरा ने भगवान श्री कृष्ण से अपने गर्भ की सुरक्षा के लिए गुहार लगाई। तब भगवान श्री कृष्ण ने अपनी योग माया से उस झुलसे हुए पिण्ड को पुनः जीवित कर दिया। इस प्रकार कालान्तर में जन्म लेने बाले नवजात शिशु का नाम परीक्षित रखा गया।

उधर महाभारत युद्ध की समाप्ति के पश्चात् हस्तिनापुर के राज सिंहासन पर युधिष्ठर विराजमान हुए। ज्यों–ज्यों समय व्यतीत होता गया, अपने राज्य के लोगों के हितों का ध्यान रखते हुए तथा अपनी कार्य कुशलता का परिचय देते हुए हस्तिनापुर नरेश युधिष्ठर ने वर्षों तक राज्य किया। इधर द्वापर युग

अपनी समाप्ति की ओर अग्रसित था। वहीं परीक्षित भी शनैः–शनैः बड़े हो चले थे। समयान्तर के साथ राजा युधिष्ठर सहित सभी भाई व द्रोपदी के मन में यह अभिलाषा जाग्रत हुई कि अब हम सांसारिक कार्य कलापों से मुक्त हो अपना राजपाट छोड़ तप करने चलें। तो फिर हस्तिनापुर नरेश युधिष्ठर राजकुमार परीक्षित को हस्तिनापुर के राजसिंहासन पर विराजमान कर अपने भाइयों व द्रोपदी सहित तप करने हिमालय की ओर कूच कर गये। अब हस्तिनापुर राज्य की बागडोर परीक्षित के हाथ में आ गई तथा वे भी बड़ी ईमानदारी व कर्तव्य निष्ठा के साथ अपने राज्य का संचालन करने लगे। उधर हम भली भांति यह भी जानते हैं कि परम पिता परमेश्वर ने सम्पूर्ण ब्रह्माण्ड के कालचक्र को चार भागों में विभक्त किया है।जिन्हें हम सतयुग, त्रेतायुग, द्वापर युग व कलियुग के नाम से पुकारते हैं। अब क्रमानुसार द्वापर के उपरांत कलियुग का ही क्रम आता है। कलियुग के विषय में हमारा मत है कि कलियुग मानव जगत की उस विचारधारा का नाम है जिसमें अहंकार, क्रोध, ईर्ष्या व नफ़रत जैसी विकृतियाँ अधिकांशतः देखने को मिलती हैं। इसके अतिरिक्त हमारा यह भी मत है कि कलियुग समग्र श्रृष्टि को विचलित कर देने वाला वह तूफ़ान है जो मानव की दिव्यचेतना,

सद्बुद्धि, शिष्टाचार व स्वाभिमान को बुरी तरह झकझोर कर रख देता है।

हालाँकि जब परीक्षित ने हस्तिनापुर का राजपाट सम्हाला था उस समय द्वापर युग का थोड़ा सा अंश शेष था। परन्तु जैसे ही द्वापर युग का अन्त हुआ तथा कलियुग का प्रादुर्भाव हुआ, उसने शनैःशनैः समूचे धरातल पर अपना प्रभाव छोड़ना प्रारंभ कर दिया। यहाँ तक कि राजा परीक्षित भी अपनी अद्भुत कौशल्य क्षमता होने के बावजूद भी कलियुग के प्रभाव से अपने को बचा न सके। एक समय की बात है जब राजा परीक्षित घोड़े पर सवार होकर शिकार करने जारहे थे। मार्ग में उन्हें प्यास लगी। तभी उनकी दृष्टि एक वृद्ध ऋषि (शमीक) पर पड़ी।राजा ने उनसे अपनी प्यास बुझाने के लिए पानी पिलाने का आग्रह किया। चूंकि वह वृद्ध ऋषि अपनी साधना में लीन थे।इस कारण वे राजा के इस आग्रह को पूरा न कर सके। यह बात राजा परीक्षित को बहुत नाक बार गुजरी। उन्होंने शीघ्र ही उस वृद्ध ऋषि को दण्डित करने का निश्चय कर लिया। ठीक उसी समय उन्हें एक मरा हुआ सर्प दिखाई दिया। राजा ने अपने तीर की नोंक से उस मरे हुए सर्प को

उठाया और वृद्ध ऋषि के गले में डाल दिया। तदुपरांत वे अपने महल की ओर प्रस्थान करने लगे।

कुछ समय उपरांत जब उन वृद्ध ऋषि के पुत्र श्रृंगी ऋषि ने यह सुना कि कोई उनके पिता के गले में मरा हुआ सर्प डाल गया है, तो उन्हें बड़ा दुःख हुआ और विचार करने लगे कि जिस व्यक्ति ने मेरे पिता के गले में मरा हुआ सर्प डाल दिया है वह निश्चित ही बड़ा अहंकारी होगा, क्रोधी होगा तथा दुष्ट प्रवृत्ति का होगा। इसे दंड मिलना अति आवश्यक है। यह सोचकर श्रृंगी ऋषि ने अपने हाथ में जल लेकर उस राजा को यह शाप दिया कि आज से सात दिन के भीतर तक्षक नाम का एक सर्प उसे डस ले। जब उन वृद्ध ऋषि की साधना पूर्ण हुई और जब उन्हें इस घटना से अवगत कराया गया। तब उन्हें अपने पुत्र की इस अविवेकशीलता पर काफी दुःख हुआ। उन्होंने इस समाचार को राजा परीक्षित के पास पहुँचाया कि वे सावधान रहें। चूंकि राजा परीक्षित भी इस बात को भली भांति समझते थे कि ऋषि–मुनियों के मुख से निकले हुए शब्द अटल होते हैं।इस बात को मन और मस्तिष्क में आत्मसात करते हुए राजा परीक्षित ने अपना राजपाठ छोड़ अपने पुत्र जनमेजय को हस्तिनापुर राज्य का राजा बना

दिया तथा स्वयं अपने राजसी बस्त्र त्यागकर व संत वेष धारण कर अपने दोष निवारण हेतु भक्ति मार्ग की ओर प्रस्थान कर गए।

सज्जनो, इस प्रकार कलियुग के कारण मानव मस्तिष्क में उत्पन्न अहंकार, क्रोध, ईर्ष्या व नफ़रत जैसी विकृतियों को मन व मस्तिष्क से निकालने के लिए तथा इनके स्थान पर इंसानियत, शिष्टाचार, प्रेम और भाई—चारा जैसी सद् प्रवृत्तियों को प्रतिष्ठित करने के लिए परम पूज्य व्यास जी महाराज ने जिस ग्रन्थ का सृजन किया था तथा परम पूज्य शुकदेव जी महाराज ने जिस ग्रन्थ को एक कथा के रूप में श्री परीक्षित महाराज को श्री गंगा जी के पावन तट पर श्रवण कराया था। तो फिर इस पूज्यनीय ग्रन्थ को ही हम 'श्रीमद्भागवत' कथा के नाम से पुकारते हैं। यह सत्य सनातन धर्म का पावन व धार्मिक ग्रन्थ है।यह ग्रन्थ इंसान को इंसानियत के साथ जीना सिखाता है। जीवन जीने की सभी कलाएं इस ग्रंथ में मौजूद हैं। इस पुराण में 12 स्कंद और 18,000 श्लोक हैं। यह 18 पुराणों में से पांचवां पुराण है। इस पुराण का मुख्य बिंदु प्रेम भाव और भक्ति है। यह पुराण आत्मा की मुक्ति का मार्ग बताता है।

****

श्रीमद् भागवत कथा को श्रवण करने से हमें क्या शिक्षा मिलती है ?

प्रिय सज्जनो, हमने अपने गुरुजनों को तीन श्रेणियों में विभक्त किया है। हमने यह बताया है कि मानव जीवन की सम्पूर्ण यात्रा में इन्हीं तीन गुरुजनों की ही आवश्यकता होती है। इन्हीं गुरुजनों द्वारा दी हुई शिक्षाओं से, ज्ञान से व नाना प्रकार की विद्याओं से संपूर्ण मानव समाज की जीवन यात्रा पूर्ण हो जाती है, ऐसा हमारा अनुभव है। इन गुरुजनों के विषय में पुनः स्मरण दिलाते हुए हमारा कहना है कि प्रथम प्रकार के गुरु हमारे माता–पिता हैं। जब माँ गर्भ धारण करती है तब गर्भावस्था में माँ को नाना प्रकार के कष्ट झेलने पड़ते हैं। वह अपने रक्त–मांस से अपने गर्भस्थ शिशु का शारीरिक निर्माण करती है। इसके साथ–साथ प्रसव की असहनीय पीड़ा भी बड़े ही धैर्य के साथ सहती रहती है। जब गर्भस्थ माँ प्रसव के बाद किसी बच्चे को जन्म देती है तब वह अपना दुग्ध–पान कराकर उस नवजात शिशु को ऊर्जा और शक्ति भी प्रदान करती है। तदुपरांत बच्चा बोलना–चालना, हँसना–खेलना भी इन्हीं से सीखता है। दूसरे प्रकार के गुरु हमें शिक्षा देने बाले हमारे शिक्षक गुरु हैं। जो हमारे विद्यार्थी जीवन में नाना

प्रकार के विषयों व भाषाओं का बोध कराते हैं। हमें रोजगार योग्य बनाते हैं। तीसरे प्रकार के जो गुरु हमने बताये हैं वे हमारे आध्यात्मिक गुरु हैं जो हमारे अन्दर के कल्मष—कषायों को बाहर निकालने की शिक्षा देते हैं। किन्हीं कारणों से जब हमें अहंकार हो जाता है, क्रोध उत्पन्न हो जाता है अथवा हमारे अन्दर ईर्ष्या व नफ़रत जैसी विकृतियाँ घर कर जाती हैं तो फिर इन बुराइयों से मुक्त होने के लिए हमारे आध्यात्मिक गुरु ही हमें मार्ग—दर्शन देते हैं तथा सही मार्ग दिखाते हैं। सुख व शांति की चाह में इंसान जो इधर उधर भटकता फिरता है तो फिर इस भटकाव को रोकने का कार्य सिर्फ़ हमारे आध्यात्मिक गुरु ही कर सकते हैं। इन्हीं पूज्य आध्यात्मिक गुरुजनों द्वारा श्रीमद् भागवत कथाओं एवं प्रवचनों में अपनी व्यास पीठ से समस्त जनता जनार्दन को भगवान श्री कृष्ण की भिन्न—भिन्न लीलाओं का अमृत पान कराया जाता है।

सज्जनो! ध्यान देने की बात यह है कि जब कभी किसी स्थान पर श्रीमद् भागवत कथा अथवा अन्य धार्मिक कार्यक्रमों का आयोजन होता है तो उसमें स्थानीय लोगों के अलावा दूरदराज से भी काफी लोग अपने पूज्य गुरुदेव अथवा किसी अन्य

महाराज श्री के श्री मुख से निसृत उनकी ओजपूर्ण अमृतवाणी को सुनने हेतु आते हैं तथा शांतिपूर्वक बैठकर श्रवण करते हैं।जहाँ तक हमारा विचार है कि इस प्रकार के धार्मिक आयोजन गाँवों तथा शहरों में लगभग आये दिन होते ही रहते हैं। लेकिन यह भी सच है कि इन कार्यक्रमों में सम्मिलित होने वाले श्रोताओं में हमारी कुछ माता–बहनें, बहू–बेटियाँ तथा भाई–बंधु ऐसे भी हो सकते हैं जो यह नहीं समझ पाते हैं कि अपने पूज्य गुरुदेव अथवा अन्य आचार्यश्री की अमृतवाणी के माध्यम से अपने भगवान की इन कथाओं और लीलाओं को श्रवण करने से हमारे रोजमर्रा के जीवन में काम आने वालीं हमें कौंन–कौंन सी शिक्षाएँ मिलती हैं। यह हम सबके लिए बहुत ही महत्वपूर्ण प्रश्न है। इसका समाधान होना बहुत ही जरूरी है। इन कथाओं से प्राप्त होने वाली शिक्षाओं पर हमने बड़ी ही गहराई से आत्मचिन्तन व आत्मविश्लेषण किया है।परिणाम स्वरूप जो भी निष्कर्ष प्राप्त हुए उन्हें हम अपनी सरलतम् भाषा में निम्न प्रकार से बिन्दुवार प्रस्तुत कर रहे हैं–

श्रीमद् भागवत कथाओं व प्रवचनों को श्रवण करने से हमें यह शिक्षा मिलती है कि–

1.	किसी भी इन्सान को अपनी धन–दौलत, बाहुबल, विद्वता, योग्यता अथवा अपनी संतान पर किसी भी स्थान पर किसी भी परिस्थिति में किसी भी इंसान के सम्मुख अपने अहंकार का प्रदर्शन नहीं करना चाहिए क्योंकि अहंकार मानव की वह अमानवीय संस्कृति है जो इन्सान में अमर्यादित एवँ अभद्र संस्कार पैदा करती है। अहंकार एक ऐसी तामसी प्रवृत्ति है जो स्वयं को तथा अपने परिवार को विनाश की ओर ले जाती है

2.	सभी लोग एक नेक इंसान बनें। सब में इंसानियत की भावना हो। अच्छे आचार विचार हों। सतोगुणी विचारधारा हो। सबका चिंतन श्रेष्ठ हो। चरित्र श्रेष्ठ हो। वाणी में विनम्रता, शालीनता व आत्मीयता हो। जो भी काम हमें भगवान की कृपा से उपलब्ध हुआ है उसे हम कर्तव्यनिष्ठा एवं कर्तव्यपरायणता के साथ सम्पन्न करें। हँसते मुस्कराते हुए करें। ईमानदारी के साथ नियमित रूप से करें। क्यों कि आधे–अधूरे मन से किया हुआ कार्य दिल व दिमाग में अशान्ति व असन्तोष पैदा करता है।

3.	हम अपने रोज–मर्रा के जीवन में प्रातः–शाम अपने परम पूज्य गुरुदेव एवँ अपने आराध्य का स्मरण करें तथा नमन करें साथ ही साथ अपने माता–पिता

को भी नित्यप्रति चरण–वंदन करें क्योंकि यह हमें भलीभांति समझना होगा कि आज हम जो कुछ भी हैं,इन्हीं की ही बदौलत हैं। हमारे पास जो कुछ भी है वह सब इन्हीं की ही देन है। जिस प्रकार हम विकास की ओर आगे बढ़ते जा रहे हैं तथा विकास मार्ग में आने वाली भिन्न–भिन्न प्रकार की अड़चनों को पार करते जा रहे हैं, तो फिर इन सब में इन सभी का ही आशीर्वाद और कृपा निहित है।

4.   जब भी कुछ सोचो अच्छा सोचो, सकारात्मक सोचो, जब भी कुछ बोलो आत्मविश्वास के साथ बोलो, दृढ़ता के साथ बोलो। जब भी कुछ सुनो, ध्यान से सुनो, धैर्य से सुनो। जब भी किसी की मदद करो, दिल खोलकर करो, स्वेच्छा से करो। जब भी किसी कार्य को करो, मन लगाकर करो, कर्तव्यनिष्ठ बनकर करो। फिर देखिये कि आत्मा को कितना आनंद मिलता है, कितनी शांति मिलती है।

5.   परिवार के भरण–पोषण के लिए धन अवश्य पैदा करो, लेकिन धन मेहनत   से पैदा करो। धन परिश्रम से पैदा करो। धन ईमानदारी से पैदा करो। धन सच्चाई से पैदा करो। धन सेवा भाव से पैदा करो। क्योंकि ईमानदारी से पैदा किया हुआ धन ही हम सबको सुख, शांति और संतोष प्रदान करता है।

6.	हम(पुरुष) अपने परिवार में अपने माता–पिता तथा अपने से बड़ों का सम्मान करें। उनका कहना मानें। उनके अनुभवों से लाभ उठायें। अपनी पत्नी के साथ मृदु भाषा का प्रयोग करें। अपने पुत्र व पुत्र वधुओं के साथ आत्मीयता का सम्बन्ध रखें।

7.	हम(महिलाएँ) अपने परिवार में अपने सास–ससुर,देवर–देवरानी,जेठ–जेठानी तथा अपने जीवन साथी पति के साथ विनम्रता, मधुरता व शालीनता का व्यवहार रखें।

8.	हम सब अपने परिवार के अतिरिक्त भी अपने पड़ोसी बुजुर्गों व अपने से बड़ों के साथ शिष्टाचार और भाईचारे का व्यवहार रखें। उनके हर सुख–दुःख में भागीदार बनें। अपने से छोटों को प्यार दें तथा बराबर वालों के साथ मैत्रीय भाव रखें।

9.	हम जाति–पाति व छुआ–छूत के संकीर्ण विचारों का परित्याग करें। गरीब–अमीर व ऊंच–नींच के झमेलों से बचें। किसी के साथ नफ़रत के भाव न रखें।

10.	हम सहनशील तथा संतोष प्रिय बनें क्यों कि सहनशील और संतोष प्रिय होना एक अच्छे इंसान

का प्रतीक होता है। एक बड़प्पन की निशानी होती है।

11. हम सभी प्रकार के नशाओं से बचें क्यों कि नशा भगवान की भक्ति में बाधक होता है। नशा इंसान के व्यक्तित्व का क्षरण करता है। नशा इन्सान के लिए शारीरिक, मानसिक, सामाजिक व आर्थिक दृष्टि से सर्वदा विनाशकारी होते हैं।

12. विचारों में भिन्नता होने के बावजूद भी हम अपने जीवन साथी एवं अन्य परिवारीजनों के साथ सामंजस्य व तालमेल से अपने गृहस्थ जीवन की गाड़ी को बड़े ही प्रेम व आनंद के साथ आगे बढाएं।

13. हम सदैव अपनी बोलचाल की भाषा में संयम रखें। मधुरता व विनम्रता रखें। कड़वाहट से सदैव परहेज करें।

14. हम अपने आराध्य के प्रति अटूट श्रध्दा, विश्वास और निःस्वार्थ भाव रखें। तभी हमारे अन्तःकरण में परोपकार, करुणा, दया, सहानुभूति जैसे श्रेष्ठ और उत्तम विचार प्रविष्ट हो पायेंगे।

15. हम सदैव अश्लील पत्र—पत्रिकाओं से बचें। अश्लील फिल्में देखने से बचें तथा अश्लील गाने

सुनने से बचें। इतना ही नहीं हम अश्लील चित्रों को अपने घर, दुकान व कार्यालय में स्थान देने से भी बचें।

सज्जनो! इस प्रकार हम कह सकते हैं कि श्रीमद् भागवत कथा के आयोजन में प्रतिष्ठित व्यास पीठ पर विराजमान पूज्य विद्वानों एवं आचार्यों के श्रीमुख से निसृत अमृत वाणी को श्रवण करना हमारे रोजमर्रा के जीवन में कितना लाभप्रद और ज्ञान वर्धक है। साथ ही साथ यह हम सबके बच्चों के उज्ज्वल भविष्य के लिए भी अपने मन में संजोये हुए सपनों को साकार करने में पूर्णतः सक्षम है।

****

'समझौता' से क्या तात्पर्य है ?

बंधुओ! हम भली–भांति जानते हैं कि घर–परिवार व समाज में किन्हीं कारणों से लोगों के मध्य आपस में जब मतभेद हो जाते हैं तब कुछ समय के अन्तराल में इन मतभेदों के कारण घर–परिवार अथवा समाज के लोगों में परस्पर तू–तू मैं–मैं प्रारंभ होने लग जाती है। परिणाम क्या होता है कि धीरे–धीरे उन लोगों के मध्य आपस में झगड़े–फ़साद भी होने लग जाते हैं। तो फिर इन झगड़ों को निपटाने के लिए अपने बुजुर्गों, पड़ोसियों अथवा रिश्तेदारों को बुलाया जाता है। ये लोग सब मिलकर इन समस्याओं पर चिंतन करते हैं, अध्ययन करते हैं एवं विचार करते हैं। तदुपरान्त इन समस्याओं को हल करने के लिए एक बीच का रास्ता अपनाया जाता है। अर्थात् एक निष्पक्ष एवं पूर्ण पारदर्शिता के साथ मध्यस्थता का निर्वहन किया जाता है। वार्तालाप की प्रक्रिया प्रारंभ की जाती है। वार्तालाप के जिस चरण में दोनों ही पक्ष रजामन्द होते दिखाई देते हैं, प्रक्रिया ठीक वहीं पर रोक दी जाती है। इस प्रकार अपने बुजुर्गों, रिश्तेदारों अथवा पड़ोसियों द्वारा दोनों पक्षों की समस्याओं के समाधान हेतु जो प्रक्रिया अपनाई जाती

है, बस इसी प्रक्रिया को हम अपनी भाषा में 'समझौता' कहते हैं। अंग्रेजी में हम कम्प्रोमाइज कहते हैं।

हमने यह भी अनुभव किया है कि इस प्रकार के पारस्परिक मतभेद व झगड़े, घर–परिवार व समाज तक ही सीमित नहीं हैं बल्कि ग्राम स्तर पर, राज्य स्तर पर, राष्ट्रीय व अंतर्राष्ट्रीय स्तर पर भी प्रायः देखने व सुनने को मिलते ही रहते हैं। प्राचीन काल में जब राष्ट्रों पर राजाओं के शासन हुआ करते थे तब उस समय भी एक राजा किसी दूसरे राजा के राष्ट्र पर अधिकार जमाने के उद्देश्य से अपनी सेना लेकर उन पर चढ़ाई किया करते थे। उस समय भी मजबूत मध्यस्थों के माध्यम से उन राजाओं के मध्य संधियाँ कराई जाती थीं तथा जनता–जनार्दन को खून–खराबे से बचाया जाता था। कहने का तात्पर्य यह है कि संधियों अथवा समझौतों की यह परम्परा आज की ही नहीं बल्कि सदियों पुरानी है। यानी यह परम्परा वर्षों से चली आ रही है।

झगड़े अथवा विवाद चाहे घर–परिवार में हों, चाहे समाज में हों, चाहे एक मुहल्ले के दूसरे मुहल्ले के मध्य हों, चाहे राज्य स्तरीय, राष्ट्रीय व अंतर्राष्ट्रीय स्तर के हों, जैसा कि हम अपनी पुस्तकों में स्पष्ट कर चुके हैं कि इन सभी झगड़ों अथवा विवादों के

भिन्न भिन्न कारण हो सकते हैं। चाहे उन सभी समस्याओं का कारण सामाजिक, आर्थिक, राजनैतिक अथवा भौगोलिक ही क्यों न हो परन्तु अपनी अनुभूतियों व अनुभवों के आधार पर हमें जो देखने व सुनने को मिलता है कि इन सभी कारणों के मूल में एक कारण यह भी हो सकता है, वह है इंसान में अहंकार, स्वार्थ, क्रोध, ईर्ष्या व नफ़रत जैसे विकारों की उपस्थिति का होना। इन विकृतियों की वजह से ही देश–विदेश की समस्याएं वर्षों से हल होने के वजाय उलझती जा रही हैं।

बंधुओ! यदि सम्पूर्ण मानव समाज 'वसुधैव कुटुम्बकम्' का सिद्धान्त अपनाकर चले तो ये सभी समस्याएँ मिलजुल कर अथवा समझौतों के आधार पर बड़ी ही आसानी से निपटाई जा सकती हैं। अपने अनुभवों के आधार पर 'समझौते' को हम परिभाषाओं के आधार पर निम्न प्रकार से अपने टूटे–फूटे शब्दों में व्यक्त कर रहे हैं–

• समझौता एक आदर्श प्रक्रिया है जो लोगों की समस्याओं का घर बैठे ही समाधान करती है।

• समझौता एक सर्व–सुलभ मार्ग है जो इंसान को झगड़े फ़सादों से बचाता है।

* समझौता एक महान कृत्य है जिसको क्रियान्वित करने से लोगों का गौरव और गरिमा एक दम सुरक्षित रहती है।

* समझौता एक शांतिपूर्ण जीवन जीने का एक ऐसा माध्यम है जो समाज के अतिरिक्त अदालत को भी मान्य होता है।

* समझौता एक सुखद आयोजन है जो लोगों में सामाजिकता का आभास कराता है।

* समझौता दोनों पक्षों की वह पूर्ण स्वीकृति है जो लोगों को तनावों और चिंताओं से मुक्त कराती है।

* समझौता एक ऐसा शांति प्रिय साधन है जिसका समाज में एक अति महत्वपूर्ण स्थान होता है।

* समझौता एक मनोवैज्ञानिक प्रक्रिया है जिसका मूल उद्देश्य लोगों के आपसी झगड़ों को समाप्त करना है।

* समझौता एक सुखद आयोजन है जो इंसान को इंसानियत का पाठ सिखाता है।

- समझौता आशाओं से भरा हुआ लोगों का एक ऐसा संयुक्त प्रयास है जिसमें सभी पक्षों को गंभीरता से सुना जाता है।

- समझौता एक ऐसी स्वैच्छिक प्रणाली है जिसके अंतर्गत लोग भारी प्रशन्नता का अनुभव करते हैं।

- समझौता एक परम्परागत संस्कृति है जो लोगों को स्वार्थ से ऊपर उठने का सन्देश देती है।

- समझौता एक अति महत्वपूर्ण लघु पर्व है जिसमें चिंतन व विचार विमर्श द्वारा किसी सुखद परिणाम तक पंहुचा जा सकता है।

- समझौता सामाजिक लोगों का वह अथक प्रयास है जिसके द्वारा लोगों की प्रतिष्ठा का ध्यान में रखकर समस्याओं का समाधान किया जाता है।

- समझौता सामूहिक सद्भावनाओं का केन्द्र है जो हम सभी लोगों के मध्य एक अच्छे मार्गदर्शक की भूमिका अदा करता है।

- समझौता परिस्थितियों की प्रतिकूलताओं को छिन्न–भिन्न करने का वह विवेकपूर्ण कदम है जो

सभी पक्षों को श्रवण कर निष्पक्ष व सराहनीय परिणाम देता है।

•	समझौता एक प्रकार से योग साधना का नाम है जो हमें अंधकार से प्रकाश की ओर ले जाने का कार्य करती है।

•	समझौता उत्कृष्ट विचारों का वह सोपान है जो ऊँच–नींच व जातिवाद से अलग हटकर जनमानस को एक खास सन्देश देता है।

•	समझौता शिष्टाचार से सरावोर एक ऐसी सूज–बूझ है जो अप्रिय घटनाओं की संभावनाओं से पूर्व ही उन्हें दखिल अन्दाजी कर नेस्तनाबूद कर देती है।

•	समझौता जनमानस के लिए एक प्रकार की संकट मोचन पद्धति है जिसके गर्भ में जनहित की भावनाएँ सन्नहित रहती हैं।

•	समझौता समस्याओं के समाधान हेतु एक ऐसा सुलह नामा होता है जिस पर दोनों पक्षों के सभी पंचों के हस्ताक्षर होते हैं।

* समझौता श्रेष्ठ विचारों से भरपूर एक ऐसी प्रक्रिया है जो टूटे रिश्तों को जोड़ने का कार्य करती है।

* समझौता एक संवेदनात्मक फार्मूला है जो 'विश्वात्मैक्य' अर्थात् 'विश्व की आत्मा एक है' के सिद्धांत पर कार्य करता है।

* समझौता एक यथार्थवादी विचारधारा का नाम है जो सच्चाई और ईमानदारी के साथ हमारा प्रतिनिधित्व करती है।

* समझौता एक उदारवादी सिद्धांत का नाम है जिसकी छत्र–छाया में रहकर हमारे अन्दर की मौजूद दंभ और नफ़रत जैसी विकृतियाँ स्वतः ही किनारा करने लग जाती हैं।

* समझौता मानव का वह आध्यात्मिक दृष्टिकोण है जो मानव के हिंसात्मक प्रवृत्ति का विनाश करता है।

* समझौता मानव का वह श्रेष्ठ चिंतन है जो उसे मुस्कराहट भरा जीवन जीने के लिए दिशा–निर्देश सुनिश्चित करता है।

* समझौता मानव जगत की वह सकारात्मक सोच है जो मनुष्य के उज्ज्वल भविष्य के प्रारूप का निर्माण करती है।

* समझौता इंसान का वह सार्वजनिक प्रयास है जिसका मूल उद्देश्य जनमानस को पारस्परिक घृणा व द्वेष से बचाना होता है।

* समझौता मनुष्य की वह अनमोल निधि है जिसका लाभ सभी पक्षों को समान रूप से मिलता है।

* समझौता आशाओं और संभावनाओं से भरा हुआ इंसान के लिए एक ऐसा कदम है जिसके सम्मुख झगड़ा करने वाले दोनों पक्ष ही नहीं बल्कि समूचा समाज नत् मस्तक होता हुआ नज़र आता है।

* समझौता लोगों द्वारा उठाया हुआ एक ऐसा साहसिक कदम है जो 'वसुधैव कुटुम्बकम्' का अक्षरशः पालन करता है।

****

समझौता करने से इंसान को क्या लाभ मिलता है ?

पिछले अध्याय में हमने यह बताया है कि समझौता, एक महान कृत्य है जिसको क्रियान्वित करने से लोगों का गौरव और गरिमा एक दम सुरक्षित रहती है। आगे लिखा है, समझौता शांतिपूर्ण जीवन जीने का एक ऐसा माध्यम है जिसको अपनाने से मनुष्य को परिवार में सुख–चैन से रहने का एक सुखद अवसर मिल जाता है। आगे लिखा है, समझौता मनुष्य की एक उस योग साधना का नाम है जो उसे अंधकार से प्रकाश की ओर ले जाने का कार्य करती है।आगे पुनः लिखा है, समझौता इंसान का वह सार्वजनिक प्रयास है जिसका मूल उद्देश्य जनमानस को पारस्परिक घृणा व विद्वेष से बचाना है।

उपरोक्त कथन से इस बात का स्पष्ट संकेत है कि घर–परिवार व समाज में समझौते की कितनी अहमियत है। यह कितना महत्वपूर्ण एवं सारगर्भित कदम है। यह कितना संतोष व आनंद से सरावोर कदम है। यह एक फलदायी वृक्ष के सामान है जो हमें छाया देता है और फल भी देता है।इतना ही नहीं यह आशाओं और संभावनाओं से भरा एक ऐसा कदम

है जिसके सम्मुख झगड़ा करने वाले दोनों पक्ष ही नहीं बल्कि समूचा समाज ही नत् मस्तक होता हुआ नज़र आता है।

सज्जनो! हम इस निष्कर्ष पर पहुँच गए हैं कि यदि हमारे और पड़ोसियों के मध्य किसी बात को लेकर कोई झगड़ा हो जाता है अथवा झगड़े की संभावना दिखाई देती है तो ऐसी स्थिति में हमारी प्राथमिकता होनी चाहिए कि हम अपने पड़ोसी से निःसंकोच समझौता कर लें और इसमें हमारी बुद्धिमत्ता भी है। चाहे मामला अपने पड़ोसियों के साथ का हो, चाहे दो भाइयों के मध्य का हो अथवा चाहे पति–पत्नी के मध्य का हो अथवा अन्यों के मध्य का मामला हो उन सभी मामलों में उन दोनों पक्षों के मध्य किसी भी परिस्थिति में भी समाज के वरिष्ठ व सम्मानित व्यक्तियों को समझौता करा देना चाहिए तथा अपने विवेक व बुद्धि का सहारा लेते हुए दोनों पक्षों को भी समझौता मान लेना चाहिए। क्योंकि हमारा यह कटु अनुभव है कि इस प्रकार से संपन्न होने वाले समझौतों से एक नहीं बल्कि अनेकों लाभ देखने को मिलते हैं जिनकी व्याख्या हम अपनी सरल व सुगम भाषा में निम्न प्रकार से कर रहे हैं–

समझौता करने से इंसान को यह लाभ मिलता है कि—

- पीड़ित पक्ष को किसी थाने व कोतवाली जाने की जरुरत ही नहीं पड़ती है। जिसके परिणाम स्वरूप किसी न्यायालय में वाद डालने की जरूरत भी नहीं होती है। जिससे वकील साहब की फीस, कागज व फोटो–स्टेट का खर्च तथा आने जाने वाले किराये में होने वाले खर्चों से भारी निजात मिल जाती है जिससे घर–परिवार की अर्थव्यवस्था में किसी भी प्रकार का कोई व्यवधान नहीं पड़ता है।

- धन की बचत के साथ साथ समय की भी बचत होती है जिसकी उपयोगिता धन से भी कई गुना अधिक है। जब दो पक्ष आपस में लड़ते हैं तो दोनों पक्षों को अदालत की तारीखों में जाना पड़ता है जिससे उनका काम तो छूटता ही है साथ ही साथ समय की बर्बादी भी होती है।

- दोनों पक्षों के सम्मुख धन की और समय की बचत तो होती ही है, इसके साथ साथ परिवार की प्रतिष्ठा पर जो आंच आने वाली थी वह भी बच जाती है। चूँकि घर–परिवार की प्रतिष्ठा हमारे बुजुर्गों की धरोहर होती है अतः हम सब का यह कर्तव्य बन

जाता है कि हम अपने बुजुर्गों की इस प्रतिष्ठा को सुरक्षित रखें।

• किसी परिवार में पति–पत्नी के मध्य कुछ मन–मुटाव हो जाते हैं अथवा दो भाइयों के मध्य कुछ मन–मुटाव हो जाते हैं। यहाँ तक कि परिवार बिखरने के कगार पर पहुँच जाता है। तो फिर ऐसी स्थिति में यदि अपने रिश्तेदारों आदि के माध्यम से कोई समझौता हो जाता है तो परिवार टूटने व बिखरने से बच जाता है तथा समाज में सम्मान भी बच जाता है।

• दोनों पक्षों के मध्य विवाद समाप्त होने से सभी पक्षों के लोग तनाव मुक्त हो जाते हैं जिसके कारण वे शारीरिक व मानसिक रोगों के शिकार होने से बच जाते हैं।

• जब परिवार के सदस्य टेंशन फ्री हो जाते हैं तो फिर परिवार की बिगड़ी हुई व्यवस्था पुनः पटरी पर लौट आती है। परिवार का वातावरण पहले की तरह सौम्य व सौहार्दपूर्ण हो जाता है।

●	सम्बंधित पक्षों के मध्य पारस्परिक मनमुटाव, वैमनस्यता, नफ़रत व कटुता समाप्त होकर आपस में प्रेम व भाईचारे के भाव पुनः जाग्रत हो जाते हैं।

इस प्रकार हम कह सकते हैं कि 'समझौता' हर इंसान के लिए 'वरदान' है। परिवारों के लिए एक सर्वसुलभ उपलब्धि है। सम्पूर्ण समाज के लिए अति–महत्वपूर्ण व साहसिक कदम है। यानी हम इसे यों भी कह सकते है कि 'समझौता' एक महान कार्य है।

****

समझौता न करने से इंसान को क्या–क्या हानियाँ उठानी पड़ सकती हैं ?

आज विश्व मानव समाज का हर इंसान इस बात से भली–भांति वाकिफ़ है कि पाँच तत्त्वों से निर्मित यह मानव शरीर बड़े ही भाग्य से मिलता है, बड़ी ही कठिनाई से मिलता है। चाहे मानव का ब्रह्मचर्य जीवन हो, चाहे गृहस्थ जीवन हो, चाहे वानप्रस्थ जीवन हो अथवा चाहे सन्यास जीवन हो इन चारों ही जीवन में मानव के सामने कभी भी ऊहापोह की स्थिति आ सकती है, अनिश्चितता की स्थिति आ सकती है, असमंजसता की स्थिति आ सकती है। यानी मनुष्य के जीवन में आये दिन उतार–चढ़ाव का क्रम चलता ही रहता है। कभी वह सुख का अनुभव करता है।तो कभी दुःख का अनुभव करता है। इस सुख–दुःख के झमेले में उसके जीवन का काफी समय बर्बाद होता हुआ दिखाई पड़ता है। इस उतार–चढ़ाव तथा उठा पटक के दौर में मनुष्य के सम्मुख भिन्न भिन्न प्रकार की चुनौतियाँ व समस्याएँ आकर दस्तक देती रहती हैं जिसका समाधान निकालना हर इंसान के बस की बात नहीं है। ऐसी स्थिति में मनुष्य का विवेक शून्य होने की दिशा में जाता हुआ नज़र आने लगता है। बुद्धि काम

नहीं कर पाती है। कभी कभार तो लोगों का साहस टूटने लगता है। समझ में नहीं आता कि क्या करें। चाहे घर–परिवार में बंटवारे का मामला हो, चाहे चकबंदी की वजह से अपने भाइयों अथवा अपने पड़ोसियों के मध्य कहा सुनी का मामला हो अथवा चाहे घर–परिवार में पति–पत्नी के मध्य मन–मुटाव का मामला हो। ये सभी मामले ऐसे हैं जिनके लिए मनुष्य को काफी मसक्कत करनी पड़ जाती है तब कहीं जाकर समस्याओं का समाधान निकल भी जाता है और कभी–कभी निकलता भी नहीं है।

प्रिय सज्जनो ! हमें अच्छी तरह मालूम है कि मानव समाज में इन समस्याओं के समाधान के लिए दो ही तरीके हैं। जो पहले से ही प्रचलन में हैं। एक तो सामाजिक स्तर पर समस्या का समाधान समझौते के तहत किया जाता है। समस्याओं के समाधान के लिए दूसरा तरीका अदालत है। ये दो ही तरीके हैं जिनके द्वारा छोटी से छोटी तथा बड़ी से बड़ी, घरेलू, सामाजिक, राष्ट्रीय व अंतर्राष्ट्रीय स्तर पर कैसी भी समस्याएं क्यों न हों, उन सभी समस्याओं का निस्तारण देर सवेर हो ही जाता है। पिछले अध्याय में हमने यह बताने का प्रयास किया है कि समझौता क्या होता है। इंसान के जीवन में इसकी क्या

उपयोगिता है। बेशक सम्पूर्ण मानव समाज में पारस्परिक झगड़ों व विवादों को निपटाने के लिए ये दो ही तरीके अपनाये जाते हैं। लेकिन हमारे कटु अनुभव साफ साफ यह संकेत दे रहे हैं कि समस्याओं के समाधान के इन दोनों तरीकों में भारी भिन्नता दिखाई पड़ती है। दोनों में जमीन आसमान का अंतर दिखाई पड़ता है। वैसे समझौता के बारे में इतना तो हम जानते हैं कि यह मानव जगत की वह सकारत्मक सोच है जो मनुष्य के उज्जवल भविष्य के प्रारूप का निर्माण करती है। इतना ही नहीं समझौता मानव का वह श्रेष्ठ चिंतन है जो उसे एक मुस्कराहट भरा जीवन जीने के लिए दिशा निर्देश सुनिश्चित करता है।

उपरोक्त हमारे ये विचार हमें यह आभास कराते हैं कि समझौते का मानव समाज में कितना महत्त्वपूर्ण स्थान है। इसकी कितनी उपयोगिता है। यह कितनों को नया जीवन देता है। कितनों को सुख–संतोष प्रदान करता है। कितनों को सुख–समृद्धि के मार्ग पर अग्रसित करता है। कितनों को बर्बादी के रास्ते से हटाता है। अथवा बर्बाद होने से बचाता है। कितनों को हँसता–मुस्कुराता जीवन जीने का मार्ग प्रशस्त करता है। यदि अज्ञानता वश अथवा अपने अहंकार के कारण अथवा अपनी प्रतिष्ठा का प्रश्न बनाकर

किसी मामले में दोनों पक्षों में समझौता नहीं हो पाता है तथा अदालत का दरवाजा खट खटाना ही उन्हें रास आता है तब ऐसी स्थिति में मानव जीवन में कितनी कठिनाइयाँ आती हैं, तथा उसे कितनी परेशानियों से जूझना पड़ सकता है, इस बात को हम निम्न पंक्तियों में अवगत कराने जा रहे हैं–

समझौता न मानने की स्थिति में इंसान को निम्नलिखित हानियाँ हो सकती हैं–

- दोनों परिवारों में बड़ी ही असमंजसता एवं अनिश्चितता की स्थिति बन जाती है। चित्त में बेचैनी व माथे पर चिंता की लकीरें स्पष्ट दिखाई पड़ती हैं। परिवारों में अशांति व असंतोष का वातावरण स्पष्ट दिखाई देता है।

- दोनों पक्षों को इस आपत्तिकाल में धन की व्यवस्था करनी पड़ती है जिसके कारण उसे कर्जदार होना पड़ सकता है। परिणाम स्वरूप घर की आर्थिक स्थिति चरमरा जाती है।

- यदि वह किसान अथवा मजदूर है तो उसका कम से कम एक दिन का काम मारा जाता है जिससे उसकी आमदनी में कमी आ जाती है।

- यदि वह सरकारी अथवा गैर सरकारी पद पर है तो उस विभाग के कार्यालय का कार्य एक दिन के लिए बाधित हो जाता है। जिसका असर सरकारी काम काज पर पड़ना लाज़मी है। इसकी जिम्मेदारी अमुक कर्मचारी पर ही डाली जाती है।

- यदि वह एक व्यापारी है तब अदालत में तारीख करने के लिए अपनी दुकान एक दिन के लिए बंद रखनी पड़ जाती है। यह सिर्फ़ एक महीने के लिए नहीं बल्कि हर महीने यह समस्या आती है परिणाम स्वरूप उसे आर्थिक नुकसान झेलना पड़ जाता है।

- जब उन्हें गबाही के लिए गवाहों को तलासना पड़ता है तथा उन्हें एक मुश्त बड़ी धन राशि अदा करनी पड़ जाती है। परिणाम स्वरूप परिवार का आर्थिक तंत्र चरमरा जाता है।

- दोनों पक्षों के लोगों के मध्य कटुता व वैमनस्यता बढ़ती जाती है जो कभी भी भविष्य में संघर्ष का कारण बन सकती है।

- दोनों परिवारों में पढ़ने वाले बच्चों में भी प्रतिशोध की भावना जागृत हो सकती है जो कभी भी भयंकर रूप ले सकती है। परिणाम स्वरूप उनका

अध्ययन कार्य भी बाधित हो सकता है तथा उनका भावी जीवन दुःखदायी हो सकता है।

• उनमें पारस्परिक मेल–मिलाप तथा भाई–चारा खटाई में पड़ जाता है परिणाम स्वरूप उनके आपसी संबंध समाप्त होने के कगार पर पहुँच जाते हैं।

• समझौता न मानने पर इंसान में अहंकार जैसी दुष्प्रवृत्ति बढ़ती जाती है जिससे उसमें क्रोध की ज्वाला धधकने लग जाती है तथा यह क्रोध की ज्वाला कब भयंकर रूप धारण कर ले यह कहा नहीं जा सकता।

• समझौता न मानने से दोनों पक्षों के लोगों में पारस्परिक ईर्ष्या की भावना इस कदर हावी होती जाती है कि उनमें आपस में एक दूसरे के प्रति नफ़रत होने लगती है तथा यह ईर्ष्या व नफ़रत की अग्नि कभी भी प्रज्वलित होकर बड़ा रूप धारण कर सकती है। परिणाम स्वरूप घर–परिवार व पड़ोस में अशांति का माहौल बनता चला जाता है।

• समझौता न मानने से इंसान को एक और हानि यह भी उठानी पड़ती है कि अदालत की कार्य वाही में अत्यधिक समय लगने के कारण बच्चों की

पढ़ाई–लिखाई में तो व्यवधान पड़ता ही है, साथ ही साथ उनके शादी–विवाह में भी इसका प्रभाव पड़ना लाज़मी है।

• समझौता न मानने पर इंसान को एक और हानि उठानी पड़ सकती है कि इस अदालती कार्यवाही का प्रभाव आगे आने वाली पीढ़ी पर भी पड़ना स्वाभाविक है। भावी पीढ़ी को भी तारीख करने के लिए बाध्य होना पड़ता है तथा उन्हें इस कार्य के लिए प्रेरित भी करना पड़ता है। चाहे वे इस कार्य को स्वेच्छा से करें या न करें। आगे आने वाली पुत्र–वधुओं पर भी इन बातों का बुरा प्रभाव पड़ना लाज़मी है।

• समझौता न मानने के कारण इंसान के सामने एक समस्या और आकर खड़ी हो जाती है कि अदालती कार्यवाही में वर्षों लग जाते हैं जिसके कारण इंसान इतना पस्त हो जाता है तथा उसका जीवन इतना कष्टप्रद हो जाता है कि वह किसी भी रोग से पीड़ित हो सकता है तथा कहीं–कहीं पर तो मृत्यु को प्राप्त होते देखने व सुनने को मिलते हैं। परन्तु फिर भी इन्साफ के लिए काफी इंतजार करना पड़ता है।

- समझौता न मानने पर इंसान को भारी क्षति उठानी पड़ती है। धन की क्षति, समय की क्षति, मान–प्रतिष्ठा की क्षति एवं समाज में भी आलोचना का शिकार बनकर उसे अपनी जिंदगी बितानी पड़ जाती है।

इस प्रकार हम देखते हैं कि समझौता का समाज में कितना महत्व है। कितना उपयोगी है। हमने गत अध्याय में इस हिसाब से ठीक ही लिखा है कि समझौता, आशाओं और संभावनाओं से भरा हुआ इंसान के लिए एक ऐसा कदम है जिसके सम्मुख झगड़ा करने वाले दोनों पक्ष ही नहीं बल्कि समूचा समाज ही नत्मस्तक होता हुआ नज़र आता है। हमने आगे लिखा है कि समझौता इंसान का वह श्रेष्ठ चिंतन है जो उसे मुस्कराहट भरा जीवन जीने के लिए दिशा निर्देश सुनिश्चित करता है। आगे लिखा है कि समझौता, इंसान का वह सार्वजनिक प्रयास है जिसका मूल उद्देश्य जन मानस को पारस्परिक घृणा व विद्वेष से बचाना है।

इस प्रकार हम कह सकते हैं कि लोगों में पारस्परिक झगड़ा–फ़साद होने की स्थिति में दोनों पक्षों में यदि समझौता नहीं हो पाता है तब ऐसी

स्थिति में दोनों पक्षों को परेशानियों के साथ–साथ काफी हानियों से भी रूबरू होना पड़ जाता है।

****

पंचायतों के असफल होने के क्या कारण हो सकते हैं?

जब कुछ समस्याओं को लेकर दो पक्षों के मध्य परस्पर झगड़ा हो जाता है अथवा झगड़ा होने की संभावना दिखाई देती है तब ऐसी स्थिति में उनमें से कोई न कोई पक्ष उस समस्या को हल करने के लिए समझौते का पक्षधर अवश्य होता है। इस हिसाब से वह अपने पड़ोसी बुजुर्ग तथा अपने खास रिश्तेदारों को समझौता के लिए निर्धारित तिथि के अनुसार आमंत्रित करता है तथा समझौता के आधार पर अपने विवाद को यहीं समाप्त करना चाहता है। तो इस प्रकार दोनों पक्षों के मध्य होने वाले विवाद को समाप्त करने के उद्देश्य से जो लोग एक निश्चित दिन तथा निश्चित स्थान पर एकत्रित होते हैं उन्हें हम 'पंच' कहकर पुकारते हैं। इसके उपरांत जिस प्रक्रिया के तहत सभी पंच मिलकर दोनों पक्षों के मध्य होने वाले विवाद को समाप्त करना चाहते हैं उस प्रक्रिया को हम 'पंचायत' कहते हैं।

एक समय था जब गाँवों अथवा शहरों में पंचायत के द्वारा ही लोगों की सारी समस्याएँ हल कर ली जाती थीं। लोगों को थाने अथवा अदालतों

तक नहीं जाने दिया जाता था। इस बात का विशेष ध्यान रखा जाता था कि किसी भी परिस्थिति में पुलिस कर्मचारियों का प्रवेश गाँव अथवा कस्बों में न हो तथा लोगों के सभी विवाद पंचायत के माध्यम से ही निपटा दिए जाएँ। अब हम इस बात पर चर्चा करेंगे कि आखिर में उस समय की ये पंचायतें क्यों सफल होती थीं। इसका जवाब सिर्फ़ एक ही है कि लोग उस समय अपने बुजुर्गों, अपने पड़ोस के बुजुर्गों तथा अपने रिश्तेदारों का सम्मान करते थे एवँ उनकी बातों को महत्व देते थे। साथ ही किसी कीमत पर उनकी प्रतिष्ठा पर आंच नहीं आने देते थे। इतना ही नहीं उस समय सभी इंसानों में इतना जबरदस्त परस्पर प्रेम था कि एक दूसरे की मदद के लिए हर समय तैयार रहते थे।

आज हम देखते हैं कि सारा विश्व वैज्ञानिकता व भौतिकता के सरोवर में आकण्ठ डूबा हुआ है। वैज्ञानिक आविष्कार चरम सीमा पर पहुँच गए हैं। विकास का पहिया अत्यंत तीव्र गति से घूम रहा है। आशातीत विकास के कारण आज मानव हवा से बातें करने लगा है। उसके पैर जमीन पर नहीं आ रहे हैं। उसका चरित्र, उसका व्यक्तित्व, उसका स्वरुप, उसकी चाल व उसके हाव—भाव सब कुछ बदले

बदले से नज़र आ रहे हैं। समझिये, तो फिर ऐसी स्थिति में पंचायतों का असफल होना स्वाभाविक ही है। अब हम इस बात पर चर्चा करेंगे कि आखिरकार वर्तमान में पंचायतें अधिकांशतः निःष्फल क्यों हो जाती हैं। इसके क्या कारण हो सकते हैं।इन कारणों को हम निम्न प्रकार से प्रस्तुत कर रहे हैं–

1.   वर्तमान में पंचायतें निष्फल होने का पहला कारण यह है कि लोगों में अहम् की भावनाएँ कूट कूट कर भरी हुई हैं। जिसके कारण लोग एक दूसरे की परेशानियों को न तो सुनना चाहते हैं तथा न उनको हल करने में किसी प्रकार की दिलचस्पी रखते हैं। बल्कि इसके विपरीत वे अपनी सोच व अपने विचारों को पंच लोगों पर ही थोपना चाहते हैं। अर्थात् वे अपनी ही बात को पंचों से प्रभावी ढंग से मनमाने का पूरा प्रयास करते हैं। परिणाम स्वरूप पंचायतों में सर्व–सम्मति नहीं बन पाती है तथा पंचायतें असफल हो जाती है। तभी तो कहा है–

अहंकार, इंसान के स्वार्थ पूर्ण एवं गरिमा रहित मनो–भावों का एक ऐसा गठ जोड़ है जो सज्जनता व शालीनता से हटकर वह अपने ही अस्तित्व एवं आधिपत्य बरकरार रखना पसंद करता है।

2.   पंचायतों के असफल होने का कारण मनुष्य का क्रोधी होना भी है। क्रोध के कारण इंसान विवेक शून्य हो जाता है। उसका मानसिक संतुलन बिगड़ने के कगार पर पहुँच जाता है। परिणाम स्वरूप वह सत्यमार्ग से दूर हटता चला जाता है तथा समस्या का समाधान निकालने में पंच लोगों के सम्मुख समस्या खड़ी हो जाती है। तभी तो कहा है–

क्रोध, इंसान की एक आवेशपूर्ण उत्तेजना है जिसके कारण वह अपना मानसिक संतुलन खो बैठता है।

आगे कहा है–

क्रोध, इंसान की घृणित व निराशाजनक सोच है जिसमें करुणा, दया व सहानुभूति जैसे सद्गुणों का नामो–निशान नहीं होता है।

3.   दुर्भाग्य वश पंचायतों में कभी ऐसे लोग भी चयनित हो जाते हैं जो किसी एक पक्ष से पहले से ही ईर्ष्या–द्वेष रखते हैं। ऐसे लोग पंचायतों में ऐसा शिगूफ़ा छोड़ देते हैं जिससे पंचायत में लम्बी बहस छिड़ जाती है और किसी समस्या का समाधान नहीं निकल पाता है। तभी तो कहा है–

ईर्ष्या, मनुष्य का वह स्वार्थ पूर्ण चिंतन है जो उसके चित्त में एक नकरात्मक भाव पैदा करता है।

आगे कहा है–

ईर्ष्या, इंसान की वह दुष्प्रवृत्ति होती है जो दूसरों में मतभेद पैदा करने में कोई कसर नहीं छोड़ती है।

4. जब विवादित पक्षों के लोगों में परस्पर नफ़रत इतनी अधिक हो जाती है कि एक दूसरे से बात करना तो दूर वे एक दूसरे की शक्ल देखना भी पसंद नहीं करते हैं। तो फिर ऐसी स्थिति में पंचायतों के निर्णय को कितना स्वीकार कर पाएँगे। यह तो वही जानते हैं। लेकिन पंचायत का मुख्य उद्देश्य तो अधर में लटका ही रह जायेगा। तभी तो कहा है–

नफ़रत, इंसान का वह हताशा भरा चिंतन है जिसमें प्रतिशोधात्मक संवेदनाओं का दीदार होता है।

आगे कहा है–

नफ़रत, मनुष्य में वह मनोविकृति होती है जिसमें न तो प्रेम होता है और न शिष्टाचार होता है।

5. दुर्भाग्य वश जब दोनों पक्षों में से किसी एक पक्ष के लोग अपना 'अड़ियल' रवैया अख़्तियार करते हैं यानी वे पंचायतों में सिर्फ़ अपना ही राग अलापते रहते हैं तथा अपनी ही बात पर अड़े रहते हैं तो फिर हम कैसे पंचायतों के सफल होने की आशा कर सकते हैं।

6. जब कभी दोनों पक्षों के लोग अपनी अपनी 'प्रतिष्ठा का प्रश्न' बना लेते हैं। तब उनके बुजुर्ग व रिश्तेदार उनकी समस्या के समाधान के लिए आगे आकर उसका हल निकालना चाहते हैं। दोनों पक्षों को कोई बीच का रास्ता निकालने की सलाह देते हैं तो कोई भी पक्ष उनकी बात को सुनने व मानने को तैयार नहीं होता है। उनकी सोच यही रहती है कि कोई समाधान होते ही प्रतिष्ठा गिर सकती है।

7. पंचायतें निष्फल होने का एक मुख्य और महत्त्वपूर्ण कारण यह भी हो सकता है कि हम अपने माता–पिता की बात मानने को ही तैयार नहीं होते हैं तथा उन्हें किसी तरह का महत्व नहीं देते हैं। हम

अपने स्वार्थ में तथा अहंकार में आकर यह भूल जाते हैं कि जिन माता–पिता ने हमें जन्म दिया, जिन्होंने स्वयं गीले में सोकर हमें सूखे में सुलाया, उंगली पकड़ कर चलना सिखाया, दौड़ना सिखाया, बोलना सिखाया। बड़े होने पर जिन्होंने पढ़ाई की व्यवस्था की, रहने की व्यवस्था की। जिनको समस्त मानव समाज प्रथम 'गुरु' मानता है, उन माता पिता को समाज में सम्मान न दें तथा उनकी बात न मानें तो फिर हम दूसरों की बात कैसे मानेंगे। इसलिए पंचायतें असफल हो जाती हैं। हम यह भूले बैठे हैं कि हम आज जो कुछ भी हैं, चाहे हम एक डॉक्टर हैं, एक अध्यापक हैं, एक इंजीनियर हैं, एक आई. ए. एस. अथवा पी. सी. एस. अधिकारी हैं तो ये सब इन्हीं हमारे परम् पूज्य माता–पिता के शुभ आशीर्वाद की ही देन है।

अंत में हम यह कह सकते हैं कि पंचायतें तभी सफल हो सकती हैं जब हम अहंकार से अपने को दूर रखें। हम अपने विवेक से काम लें। अपना स्वार्थ पूर्ण एवं अड़ियल रवैया न अपनाएँ। सहिष्णुता व शालीनता का परिचय दें। सामंजस्य व तालमेल से समस्या का समाधान सोचें। प्रेम और भाईचारे का

आदर्श प्रस्तुत करें। अपने बुजुर्गों का सम्मान रखें एवँ उनकी प्रतिष्ठा का ख्याल रखें।

****

श्रीमद्भगवद गीता से क्या अभिप्राय है ?

एक समय की बात है जब भगवान श्री कृष्ण हस्तिनापुर निवासी कौरवों और पाण्डवों की मध्यस्थता कर रहे थे तथा हस्तिनापुर के राजा धृतराष्ट्र व दुर्योधन आदि से पाण्डवों के लिए मात्र पाँच गाँव देने की मांग कर रहे थे। तब कौरवों के धृतराष्ट्र व दुर्योधन आदि ने भगवान श्री कृष्ण की याचना को ठुकरा दिया था और यह कह दिया था कि हम पाण्डवों को पाँच गाँव तो क्या,हम उन्हें सुई की नोंक के बराबर भी जमीन नहीं देंगे। तभी यह बात स्पष्ट हो गयी थी कि हस्तिनापुर के धृतराष्ट्र और पांडु के पुत्रों के मध्य युद्ध होना तय है। इसी बात को शिरोधार्य करते हुए अर्जुन और दुर्योधन भगवान श्री कृष्ण के पास उनसे युद्ध के लिए सहायता मांगने गए। तब भगवान श्री कृष्ण ने इस बाबत अपनी नीति स्पष्ट कर दी थी, जिसके तहत उन्होंने साफ कह दिया था कि एक ओर वे स्वयं तथा दूसरी ओर उनकी सेना युद्ध में भाग लेगी। साथ ही उन्होंने यह भी स्पष्ट कर दिया था कि मैं शस्त्र नहीं उठाऊँगा तथा रथ का सारथी बन कर ही युद्ध का संचालन करूँगा। तब फिर भगवान श्री कृष्ण के इस आत्म–निर्णय को आत्मसात करते हुए धनुर्धारी अर्जुन

ने भगवान श्री कृष्ण को अपने पक्ष में स्वीकार किया तथा अहंकारी दुर्योधन ने उनकी सेना को अपने पक्ष में स्वीकार किया था।

यु द्ध की तैयारी होने लगी थी। दोनों ओर के सेनाध्यक्ष अपनी अपनी सेनाओं को लेकर युद्ध की इच्छाओं को अपने अपने अंतःकरण में धारण करते हुए रणभूमि यानी कुरुक्षेत्र की ओर प्रस्थान करने लगे। जब दोनों ओर की सेनाएँ कुरुक्षेत्र की रणभूमि में पहुँच गयीं,तब दुर्योधन ने अपने गुरु द्रोणाचार्य को यह जानकारी दी थी कि इन दोनों सेनाओं में कौन–कौन से महारथी पाण्डवों की सेना में शामिल हुए हैं तथा कौन–कौन से वीर योद्धा कौरवों की सेना में शामिल हुऐ हैं। तब दुर्योधन ने अपने गुरु द्रोणाचार्य को बताया कि पांडवों की सेना में अर्जुन, भीम,राजा विराट, राजाद्रुपद, धृष्टकेतु, काशिराज, कुन्तिभोज, अभिमन्यु, नरश्रेष्ट, शैव्य तथा द्रोपदी के पाँचों पुत्र सम्मिलित हुए हैं। तत्पश्चात् दुर्योधन ने अपने गुरु द्रोणाचार्य को अपनी सेना की भी जानकारी दी। उन्होंने बताया कि आपके अतिरिक्त भीष्म पितामह,कर्ण, गुरु कृपाचार्य, अश्वत्थामा,विकर्ण,सोम दत्त का पुत्र भूरिश्रवा जैसे वीर योद्धा शामिल हैं।

उधर दोनों ओर से युद्ध की तैयारियां जोर शोर के साथ चल रही थीं। इसी बीच गांधारी और कुंती के पुत्रों के मध्य होने बाले युद्ध के बाबत सभी सेनापति अपने–अपने मोर्चे पर आ डटे थे। सर्व प्रथम कौरवों की सेना की ओर से सेनानायक भीष्म पितामह ने अपना प्रतापवान शंख बजाया। इसी प्रकार सेना के अन्य वीर बांकुरों ने भी अपने अपने हिसाब से शंख,ढोल,मृदंग आदि से रणभूमि में एक भयंकर शब्द ध्वनि के साथ युद्ध प्रारंभ होने का आगाज किया। इसी क्रम में पाण्डवों की सेना की ओर से भी भिन्न भिन्न प्रकार के शंखों द्वारा भयंकर ध्वनियाँ उत्पन्न की गयीं। भगवान श्री कृष्ण ने पाँञ्चजन्य तथा अर्जुन ने देवदत्त नामक शंख बजाये। इसी क्रम में भीम, नकुल, सहदेव, युधिष्ठिर, शिखण्डी आदि योद्धाओं ने भी अपने अपने शंखों से भयंकर ध्वनि उत्पन्न करके पूरे आकाश को गुंजायमान कर दिया। इधर समर भूमि में घोड़ों की टापें सुनायी पड़ रही थीं। रथों के पहियों की खटखटाहट व हाथियों के चिंघाड़ने की भयंकर आवाज से सारा वातावरण कोलाहल पूर्ण दिखाई दे रहा था। दोनों ओर के सेनाध्यक्ष अपने–अपने सारथियों को दिशा निर्देश दे रहे थे।

अब कुरुक्षेत्र में युद्ध के प्रारंभ होने में कुछ ही समय शेष था। उधर रणभूमि में युद्ध की तैयारी देख धनुर्धारी अर्जुन काफी सोच विचार में पड़ते हुए दिखाई दे रहे थे। बड़ी ही चिन्तनशील मुद्रा में उन्होंने अपने सारथी भगवान श्री कृष्ण से कहा, हे द्वारकाधीश! मेरा रथ दोनों सेनाओं के मध्य ले जाकर खड़ा करें। मैं यह देखना चाहता हूँ कि इस दुर्बुद्धि वाले दुर्योधन का हित चाहने वाले वे कौन कौन से लोग हैं जो उसके साथ युद्ध करने आये हैं। अर्थात् मुझे किन किन लोगों के साथ युद्ध करना होगा। अर्जुन की बात सुनकर भगवान श्री कृष्ण रथ को दोनों सेनाओं के मध्य ले गये। भगवान श्री कृष्ण ने अर्जुन से कहा हे अर्जुन! युद्ध में भाग लेने आये सभी योद्धाओं को ध्यानपूर्वक व भलीभांति देख लो। अर्जुन ने दुर्योधन के पक्ष में आये हुए सभी योद्धाओं को भली भांति देखा। उन्होंने देखा कि युद्ध में भाग लेने आए लोगों में हमारे गुरुदेव,मामा,चाचा,साले,भाई–भतीजे आदि हैं। इन्हें देखकर अर्जुन ने भगवान श्री कृष्ण से कहा –हे कृष्ण! मेरे विरोध में युद्ध करने की इच्छा से आये हुए अपने भाई–बंधुओं व अपने सम्बन्धियों को देखकर मेरे अंग शिथिल हुए जा रहे हैं तथा मेरा मुख सूखा जा रहा है।

हे केशव! मुझ में यहाँ खड़े रहने की भी सामर्थ्य नहीं है। हे कृष्ण ! इस युद्ध में अपने परिवार के लोगों तथा अपने गुरुजनों व रिश्तेदारों का बध कर के हमें क्या लाभ होगा ? भला इन्हें मार कर हमें क्या सुख शांति मिलेगी। जब वे ही नहीं रहेंगे तो फिर हम किसके लिए राज्य भोगेंगे। हे केशव ! यद्यपि हमारे गुरुजन हमारे रिश्तेदार व हमारे परिवारीयजन अपने प्राणों का मोह त्याग कर हमारे सम्मुख एक दुश्मन की तरह खड़े हैं परन्तु फिर भी इन्हें मारने को हमारा दिल गवाही नहीं दे रहा है। मुझे इन्हें मारने पर बड़ी दया आ रही है। हे प्रभु ! इन्हें मार कर यदि मुझे तीनों लोकों का स्वामी बना दिया जाये तो भी वह स्वीकार नहीं होगा। बेशक इनके अंतःकरण में कल्मष–कषायों की भरमार है अर्थात् इनमें अहंकार, क्रोध, ईर्ष्या व नफ़रत जैसी भयंकर बुराइयाँ अत्यधिक मात्रा में विद्यमान हैं परन्तु फिर भी मैं किसी कीमत पर उनका विनाश देखना नहीं चाहता क्योंकि कुल का नाश होने से धार्मिक क्षति होना प्रारंभ हो जाती है। कुल में ब्यभचार बढ़ने प्रारंभ हो जाते हैं जिसका दुःष्प्रभाव आने वाली पीढ़ियों पर पड़ना स्वाभाविक है। ऐसा कहकर अर्जुन गम्भीर सोच में पड़ गए और निश्चय करने लगे कि अपनों को मारने के लिए मैं अपने हाथों में शस्त्र नहीं

उठाऊंगा। ऐसा सोचकर अर्जुन ने अपना धनुष बाण अपने हाथों से रख दिया तथा स्वयं रथ के पिछले भाग में बैठ गए।

उधर भगवान श्री कृष्ण घोड़ों की रस्सी अपने हाथों में पकड़े हुए रथ पर खड़े होकर अर्जुन की वाणी को बड़े ध्यान से श्रवणकर रहे थे। साथ में यह भी देख रहे थे कि अर्जुन के नेत्रों से किस कदर अश्रुधारा प्रवाहित हो रही है। किस कदर अर्जुन को अपने परिवारीयजनों के प्रति मोह उमड़ रहा है। अर्जुन धनुर्धर होते हुए भी इस युद्ध से अपने को अलग रखना चाहते हैं। वे नहीं चाहते हैं कि उनके हाथों द्वारा भीष्म पितामह व द्रोणाचार्य जैसे पूज्यनीय मारे जाएँ। भगवान श्री कृष्ण भली भांति यह भी समझ रहे हैं कि अर्जुन नहीं चाहते कि उसके बाणों से निर्दोष लोग मारे जाएँ तथा कुरुक्षेत्र की पावन भूमि उनके रक्त से रक्तरंजित हो जाये। अर्जुन कहते हैं कि बेशक धृतराष्ट्र के पुत्र ईर्ष्यालु व छल कपटी हैं,अन्यायी व अत्याचारी हैं,अहंकारी व स्वार्थी हैं। लेकिन चूंकि वे सब हमारे ही परिवार के सदस्य हैं। इन्हें मारकर हमें क्या मिलेगा।

उधर भगवान श्री कृष्ण जो घट घट के वासी हैं, जो सबके मन की बात को जानने वाले हैं, अपने

अन्दर ही अन्दर मुस्करा रहे हैं और विचार कर रहे हैं कि आज यह धनुर्धारी वीर अर्जुन अपने स्वजनों के मोह में कितना आकंठ डूबे हुए हैं कि वे अपने मन, बुद्धि व चित्त से यह भूले बैठे हैं कि सत्य क्या है और असत्य क्या है ? प्रकाश क्या है और अन्धकार क्या है ? धर्म क्या है और अधर्म क्या है ? न्याय क्या है और अन्याय क्या है ? पाप क्या है और पुण्य क्या है ? ज्ञान क्या है और अज्ञान क्या है ? नीति क्या है और अनीति क्या है ? सुख क्या है और दुःख क्या है ? लाभ क्या है और हानि क्या है ? यश क्या है और अपयश क्या है ? यह सत्य है कि इन उपरोक्त अच्छाइयों व बुराइयों को अपने माया मोह से ग्रसित होने के कारण न समझ पाने की स्थिति में अर्जुन कुरुक्षेत्र के महायुद्ध से भागने का प्रयास कर रहे हैं। यानी अर्जुन अपने हाथ में धनुषबाण पकड़ने में असमर्थता प्रकट कर रहे हैं।

तो इस प्रकार अर्जुन को माया–मोह से मुक्ति दिलाने के लिए, उन्हें अधर्म, अहंकार, अज्ञानता, अन्याय, अत्याचार व असत्य के दल–दल से निकालने के लिए एवँ उनके अंतःकरण में कर्तव्यनिष्ठा व कर्तव्यपरायणता का पाठ पढ़ाने के उददेश्य को लेकर धर्मक्षेत्र कुरुक्षेत्र में रथ पर विराजमान योगिराज

भगवान श्री कृष्ण ने अर्जुन को जो ज्ञान दिया,जो उपदेश दिया अथवा सन्देश दिया तो उसके तहत भगवान श्री कृष्ण के कमल–मुख से निसृत वाणी को हमारे ऋषि मुनियों ने जो संग्रह किया तथा उन्हें जिस पुस्तक विशेष में लिपि बद्ध किया है तो इस प्रकार लिखित पुस्तक को ही हम 'श्रीमद्भगवद् गीता' नाम से पुकारते हैं। यह श्रीमद्भगवद् गीता महाभारत का एक महत्त्वपूर्ण अंग है। जिसे अठारह अध्यायों में विभाजित किया गया है। इसमें लगभग सात सौ श्लोक वर्णित हैं।

एक बार की बात है जब श्री विष्णु भगवान पाताल लोक में शेष शय्या पर लेटे हुए तथा अपने नेत्रों को बंद किये अपने अन्तःस्थल में आनंद विभोर हो रहे थे तथा श्री लक्ष्मी जी उनके पैर दबा रहीं थीं।तब लक्ष्मी जी अचानक उनसे पूछ बैठीं कि " हे प्रभु ! आप तो तीनों लोकों के स्वामी हैं और आप ब्रह्म ज्ञानी हैं फिर भी आपको निद्रा व आलस ने घेर रखा है।यह तो तामसी लोगों की पहिचान है।" तब भगवान विष्णु श्री लक्ष्मी जी से बोले " सुनो लक्ष्मी ! मुझे न तो निद्रा ने घेर रखा है और न मुझे आलस सता रहा है। मैं तो केवल श्रीमद्भगवद् गीता में जो ज्ञान है उसी में मग्न रहता हूँ तथा अपने चित्त में

आनंद की अनुभूति करता रहता हूँ। गीता के ज्ञान से हर प्राणी को सुख, शांति व संतोष सदैव मिलता रहता है।” भगवान विष्णु कहते हैं ”हे लक्ष्मी जी ! मेरे जो चौबीस अवतार हैं उनमें गीता शब्द रूप भी एक अवतार है। इस गीता में मेरे अंग इस प्रकार हैं– गीता में पहले अध्याय से पांचवें अध्याय तक मेरा मुख है। अगले पांचवें अध्याय तक मेरा हृदय और मन है। सोलहवां अध्याय मेरा उदर है। सत्रहवां अध्याय मेरी जंघाएँ हैं तथा अट्ठारहवां अध्याय मेरे चरण हैं।गीता में जितने भी श्लोक हैं, मेरी नाड़ियाँ हैं।गीता के अक्षर मेरे रोम हैं।हे लक्ष्मी ! ऐसी मेरी गीता है, उसका मैं चिंतन करता हूँ और आनंदित रहता हूँ।

****

श्रीमद्भगवद् गीता का स्वाध्याय करने से हमें क्या शिक्षा मिलती है ?

श्रीमद्भगवद् गीता हिन्दू सनातन धर्म का एक पवित्र, आध्यात्मिक व परम्पूज्यनीय ग्रंथ है। यह ग्रंथ कर्म, भक्ति व ज्ञान का संवाहक है। यह ग्रंथ योगीराज भगवान श्री कृष्ण के कमल–मुख से निकली हुई अमृत वाणी है। इस पवित्र ग्रंथ की रचना उस समय हुई थी जब कौरवों और पांडवों के मध्य युद्ध की तैय्यारियाँ चरम पर पहुँच गयीं थी। दोनों ओर की सेनाओं के सेना नायक अपने अपने योद्धाओं के साथ कुरुक्षेत्र की भूमि में पहुँच चुके थे। दोनों सेनाओं के मध्य खड़े होकर अर्जुन की दृष्टि जब दोनों ओर की सेनाओं पर पड़ती है तो युद्ध में अग्रणी भूमिका निभाने वालों में अधिकांशतः उन्हें अपने परिवार, अपने रिश्तेदार व अपने गुरुजन ही देखने को मिलते हैं। उन्हें देखकर अर्जुन का साहस टूट जाता है, युद्ध में भाग लेने से अर्जुन पीछे हट जाते हैं। अर्थात् युद्धभूमि में अपने परिवारीयजनों, गुरुजनों व रिश्तेदारों के सम्मुख, अर्जुन अपने घुटने टेक देते हैं तथा धनुष–बाण एक किनारे रखकर उनसे युद्ध न लड़ने की अपनी असमर्थता व विवशता प्रदर्शित करते हैं। इस प्रकार युद्धभूमि कुरुक्षेत्र में अर्जुन द्वारा प्रदर्शित

असमर्थता एवं विवशता को जड़ से समाप्त करने के लिए योगीराज भगवान श्री कृष्ण ने अर्जुन को जो उपदेश दिया था,तो फिर यही उपदेश आज समस्त मानव जाति के कल्याण के लिए एक श्रेष्ठ मार्गदर्शक की भूमिका का निर्वहन कर रहा है।

सज्जनो, इस प्रकार हम कह सकते हैं कि भगवान श्री कृष्ण के श्रीमुख से निसृत अमृत वाणी ही श्रीमद्भगवद् गीता है। इसी श्रीमद्भगवद् गीता में ही परिवार व समाज के कल्याण के लिए अनेकानेक शिक्षाओं का संग्रह है जिन्हें हम सरल, सुगम व सहज भाषा में निम्न प्रकार से प्रस्तुत कर रहे हैं–

श्रीमद्भगवद् गीता से हमें यह शिक्षा मिलती है कि

1.   हम अपनी अनमोल जिंदगी को जटिलता से नहीं, सरलता से जियें। तनाव से नहीं, प्रसन्नता से जियें।कायरता से नहीं, स्वाभिमान से जियें। निकृष्टता से नहीं, उत्कृष्टता से जियें।

2.   हम घर, परिवार तथा समाज में ऐसा कोई कार्य न करें जिससे कि हमें तथा हमारे समस्त परिवार को शर्मिंदा होना पड़े।

3. इंसान को अपने क्रोध पर नियंत्रण रखना चाहिए क्योंकि क्रोध झगड़े की जड़ होती है।जहाँ क्रोध का प्रदर्शन किया जाता है, वहाँ पारस्परिक लड़ाई–झगड़े की संभावनाएँ दिखाई देने लगती हैं। कहने का तात्पर्य यह है कि चाहे हम अपने घर पर हों, चाहे हम किसी यात्रा पर हों, चाहे हम अपने कार्यालय में हों अथवा चाहे हम अपनी दुकान पर हों, हमें अपने क्रोध पर पूरा नियंत्रण रखना होगा तभी हम अपने मन में शांति की कल्पना कर सकते हैं।

4. हमें अपने पड़ोसी भाई–बहनों की प्रगति को देख कर, उनकी खूबसूरत जिंदगी को देख कर, उनके कोठी व गाड़ी देखकर अथवा उनकी आर्थिक सम्पन्नता को देखकर कभी भी उन भाई–बहनों के प्रति हमें अपने मन में 'ईर्ष्या–द्वेष' का भाव नहीं रखना चाहिए, क्योंकि ईर्ष्या मानव का मानसिक शत्रु होती है, जो कभी भी पारस्परिक झगड़े का कारण बन सकती है।

5. हमें किसी भी इंसान के प्रति उसके गुण–दोषों के आधार पर, उसके आर्थिक विषमताओं के आधार पर, उसके जातिगत व छुआछूत के आधार पर अथवा उसके रोगों के आधार पर 'नफ़रत' नहीं करनी चाहिए क्योंकि नफरत से आपस में मतभेद व वैमनस्यता

बढ़ती है तथा लगातार नफ़रत से पारस्परिक झगड़े–फ़सादों की संभावनाएँ भी बढ़ जाती हैं।

6. घर–परिवार में पति–पत्नी के मध्य मधुर सम्बंध हो, भाई–भाई के मध्य प्रेम का सम्बंध हो, साथ ही साथ परिवार के सभी सदस्यों की वाणी में विनम्रता,मधुरता, शालीनता एवं शिष्टता हो। कबीरदास जी ने कहा है

ऐसी वाणी बोलिए, मन का आपा खोय।

औरन को शीतल करे, आपहु शीतल होय।।

यह समझने की बात है कि सज्जनता, मधुरता एवं विनम्रता एक अच्छे इंसान की वास्तविक पहिचान होती है।

7. हम अपने गृहस्थ जीवन की गाड़ी को अपने परिवारीयजनों के साथ सामंजस्य एवँ तालमेल से आगे बढ़ाते रहें। परिवार में आने वाली हर समस्या का समाधान मिल बैठकर निकालें। जिससे कि आपस में मनमुटाव तथा मतभेद पैदा ही न हो।

8. हर इंसान को गाँव, कस्बों व शहरों में निवास करने वाले सभी जातियों, धर्मो व सम्प्रदायों के लोगों के साथ आत्मीयता, इंसानियत, प्रेम और भाईचारे के

भाव रखने चाहिए क्योंकि तभी सम्पूर्ण समाज का वातावरण अमनचैन, शांतिमय व सौहार्दपूर्ण बन सकेगा।

9.	गीता से हमारी समझ में यह भली भांति आ जाता है कि आत्मा अज़र, अमर व अविनाशी है। आत्मा का कभी विनाश नहीं होता। आत्मा नित्य है, निराकार है, अजन्मा है। आत्मा को न तो अग्नि जला सकती है, न शस्त्र इसे काट सकता है, न जल इसे भिगो सकता है। आत्मा अविनाशी, सर्वव्यापी, स्थिर, अचल और सनातन है। देह नष्ट होने पर आत्मा पर कोई फर्क नहीं पड़ता है। जिस प्रकार मनुष्य पुराने वस्त्रों को उतार कर नए वस्त्र धारण करता है, ठीक उसी प्रकार आत्मा पुरानी देह को छोड़कर नई देह धारण करती है।

10.	गीता से हमें यह भी जानकारी मिलती है कि आत्मा आनंदस्वरूप, सुखस्वरूप, देवस्वरूप, श्रेष्ठस्वरूप एवँ पवित्रस्वरूप है। आत्मा सदैव न्यायकारी एवँ सत्यवादी होती है। इसलिए यदि हम सच्चाई और ईमानदारी के मार्ग पर चलते हुए कोई भी कार्य करते हैं तो फिर एक दिन ऐसा अवश्य आएगा जब हमें अपने अन्दर आत्म–आनंद की अनुभूति होगी।

11.   चूँकि मानव का मन बड़ा ही चंचल होता है, चलायमान होता है, अस्थिर होता है, स्वेच्छाचारी होता है, तीव्रगामी होता है, कल्पनाशील होता है,स्वार्थपूर्ण होता है। इस कारण हर इंसान को अपने मन पर नियंत्रण रखते हुए एवँ अपनी बुद्धि व विवेक से काम लेते हुए अपने आत्मादेश का पालन करना चाहिए।तो फिर देखेंगे कि हम जहाँ भी हों, जिस विभाग में हों, जिस क्षेत्र में हों, जिस पद पर हों हमें शांति और संतोष अवश्य ही मिलेगा।

12.   जिस प्रकार हमारी आत्मा पवित्र और साफ है उसी प्रकार हमारा मन, अंतःकरण व चित्त भी पवित्र और साफ रहना चाहिए। इसके साथ ही साथ हमें अपने शरीर, अपने वस्त्र, अपना मकान, अपना चबूतरा एवँ मकान के सामने का मार्ग का कुछ हिस्सा भी साफ सुथरा रखना भी हमारी नैतिक जिम्मेदारी बनती है।   फिर देखिये कि हमें इससे कितनी शांति और आनंद की अनुभूति होती है।

13.   गीता के सार में दुःखी और निराश लोगों को देखकर भगवान श्री कृष्ण उन्हें समझाते हुए कहते हैं –”अरे भाई ! तुम क्यों रो रहे हो, तुम्हारा क्या खो गया है सो तुम शोक मना रहे हो। जो तुम्हारे पास है, उसे कहाँ से लाये हो। तुमने जो पाया है वह सब

मेरी कृपा से ही पाया है। भविष्य में भी जो पाओगे वह भी सब मेरी ही कृपा से पाओगे। वह भी जो तुम्हारा है वह कल और किसी का होगा, परसों और किसी का होगा। इस कारण आप लोग न तो शोक करो और न अपने को निराश करो।"

14. जहाँ भी हमें अन्याय, अनाचार तथा अत्याचार दिखाई पड़ रहा हो तो समाज में फैली हुई इन बुराइयों के विरुध्द आवाज उठाना व संघर्ष करना प्रत्येग नागरिक का नैतिक कर्तव्य बन जाता है क्योंकि समाज में फैली हुई इन बुराइयों के विरुध्द जब तक आवाज नहीं उठाई जाएगी तथा इनके विरुध्द संघर्ष नहीं किया जाएगा तब तक ये बुराईयाँ समाप्त नहीं होंगी।

इस प्रकार अंत में हम कह सकते हैं कि श्रीमद्भगवद् गीता को नित्य प्रति श्रवण करने से अथवा उसका स्वाध्याय करने से इंसान की जीवन यात्रा में उसे एक नहीं अनेकों शिक्षाओंसे रूबरू होना पड़ जाता है अर्थात् गीता हमारे लिए एक श्रेष्ठ मार्गदर्शक की अहम भूमिका का निर्वहन करती है।

****

अहंकार से क्या अभिप्राय है ?–प्रथम भाग

इस विचार से लगभग सभी लोग भली भांति परिचित हैं तथा सहमत भी हो सकते हैं कि जब मनुष्य कालांतर के साथ साथ आर्थिक दृष्टि से, सामाजिक दृष्टि से, ज्ञान–विज्ञान की दृष्टि से, आध्यात्मिक दृष्टि से अथवा राजनैतिक दृष्टि से समृद्धि और सम्पन्नता की ओर जैसे–जैसे अग्रसित होता जाता है, तो फिर शनैः शनैः उसके स्वभाव, भाषा व बोलचाल में स्वाभाविक रूप से अंतर देखने को मिलता है। वह अपने सिद्धांतों और आदर्शों से भी भटकने लग जाता है। इतना ही नहीं वह अपनी संस्कृति और मर्यादाओं से भी विचलित होने लग जाता है। उसके कर्म और विचारों में भी स्वार्थ और अहम् की भावना स्पष्ट दिखाई देती है। इस प्रकार स्वार्थ और 'मैं' की भावनाओं को ही हम अपनी भाषा में 'अहंकार' शब्द से संबोधित करते हैं।

अहंकार से लगभग सभी लोग परिचित होते हैं। जब हम रेल अथवा बस से यात्रा करते हैं अथवा किसी कार्यक्रम में सम्मिलित होते हैं तथा ऐसे अवसरों पर भिन्न–भिन्न प्रकार की जातियों व धर्मों के लोगों के साथ कुछ देर तक बातचीत करने व श्रवण करने का मौका मिलता है तब हमें यह स्पष्ट दिखाई देता

है कि कुछ लोग अपनी संतान पर, कुछ लोग अपनी धन–दौलत पर, कुछ लोग अपने बाहुबल पर तथा कुछ लोग अपने ज्ञान पर अहंकार कर जाते हैं। इसी अहंकार के कारण आज संपूर्ण समाज बुरी तरह से प्रभावित है। अहंकार की वजह से ही इन्सान के अन्दर क्रोधाग्नि धधक उठती है। आपस में प्रेम और भाई–चारा कम होता जा रहा है। ईर्ष्या व द्वेष जैसी विकृतियाँ बढ़ती जा रही हैं। परिणाम स्वरूप समाज में अशांति और असंतोष का वातावरण बनता जा रहा है।

कहने का तात्पर्य यह है कि घर परिवार व समाज में अशान्ति का मुख्य कारण है अहंकार। शांति की स्थापना के लिए अहंकार जैसी भयंकर बुराई से मुक्ति पाना अति आवश्यक है। अहंकार के विनाश के लिए यह भी जानना अति आवश्यक है कि आखिरकार अहंकार की अवधारणा क्या है। अहंकार में ऐसे कौन से लक्षण हैं जो क्रोध पैदा करते हैं, ईर्ष्या पैदा करते हैं, नफ़रत पैदा करते हैं। हमें आपस में लड़ाने का काम करते हैं।अहंकार में ऐसी कौन सी बुराइयाँ हैं जिनका परित्याग करने से हमारे परिवार व समाज में शांति स्थापित हो सकती है। इन उपरोक्त प्रश्नों का जवाब जानने के लिए हमने अपने अनुभवों व

अनुभूतियों के आधार पर निम्न परिभाषाओं के माध्यम से अहंकार जनित वाणी को अपनी सरलतम् भाषा में इस प्रकार व्यक्त किया है

- अहंकार, एक ऐसी विचारधारा का नाम है जो घर, परिवार और समाज में लोगों के मध्य नफ़रत और विद्वेष पैदा करती है।

- अहंकार,एक ऐसी परिकल्पना है जो लोगों में भाई–चारे की भावनाओं के अंतर्गत व्यवधान उत्पन्न करती है।

- अहंकार, मानव की वह कटु वाणी है जिसका प्रयोग करते ही वह अपना मानसिक संतुलन खो बैठता है।

- अहंकार, मानव की वह अमानवीय संस्कृति है जो बच्चों में अमर्यादित व अभद्र संस्कार पैदा करती है।

- अहंकार, मनुष्य की वह तामस पूर्ण मनोवृत्ति होती है जो परिवार को विनाश की ओर ले जाती है।

- अहंकार, इंसान की वह संकीर्णतम् सोच है जो समाज में उपहास का कारण बनकर रह जाती है।

- अहंकार, वास्तविकता से परे इंसान की एक ऐसी काल्पनिक एवं मन गढ़ंत अभिव्यक्ति है जो उसमें कुढ़न व घुटन पैदा करती रहती है।

- अहंकार, मानव की एक ऐसी दुष्प्रवृति है जो उसकी झूँठी शान में कसीदे काढ़ती रहती है।

- अहंकार, मानव की एक ऐसी अशोभनीय वाणी है जो 'मैं' की दुर्गन्ध से आच्छादित रहती है।

- अहंकार, धन–संपत्ति और वैभव से निसृत वे तरंगे हैं जिसका दुष्प्रभाव मानव के मन व बुद्धि पर पड़ना लाज़मी है।

- अहंकार, मानव में 'स्वार्थ' व 'मैं' से भरा हुआ एक ऐसा पुलिंदा है जिसको खोलने पर उसमें अनीति व अन्याय का दीदार होता है।

- अहंकार, मानव मस्तिष्क में मौजूद वह दुर्गन्धयुक्त विचारधारा है जो परिवार व समाज में प्रदूषण फैलाने का कार्य करती है।

- अहंकार, मानव में उपस्थित वह मनोविकार है जो उसके चित्त को कलुषित करता रहता है।

- अहंकार, मानव के वे निम्न कोटि के भाव हैं जिसमें मानवता व सज्जनता का अभाव देखने को मिलता है।

- अहंकार, मानव की दुर्बुद्धि जनित एक ऐसी परिकल्पना है जो समस्याओं को सुलझाने की बजाय उलझाने का कार्य करती है।

- अहंकार, अज्ञानता से भरपूर मानव का एक ऐसा मिथ्या आचरण है जो मानव में ईर्ष्यालु प्रवृति को जन्म देता है।

- अहंकार, आवेश व उत्तेजना से भरे हुए लोगों के वे बड़बोल हैं जो समाज में एक प्रकार से जहर उगलते रहते हैं।

- अहंकार, इंसान की एक ऐसी मनःस्थिति है जिसमें न तो सज्जनता होती है और न इंसानियत होती है।

- अहंकार, इंसान के अंतःकरण से उत्तेजित एक ऐसी प्रक्रिया है जिसके द्वारा उसमें क्रोधाग्नि की ज्वाला उत्पन्न होती रहती है।

****

अहंकार से क्या अभिप्राय है ?–द्वितीय भाग

हम पिछले अध्याय में यह बता चुके हैं कि घर–परिवार व समाज में अहंकार के कारण ही अशांति का जन्म होता है। इतना ही नहीं यह अशांति हमें राष्ट्रीय व अन्तर्राष्ट्रीय स्तर पर भी देखने को मिलती है। ज्यों ज्यों हम भौतिकवाद की ओर आगे बढ़ते जाते हैं तथा आध्यात्मवाद से दूर होते जाते हैं वैसे–वैसे हम विरासत में मिली मर्यादाओं से भी विमुख होते जाते हैं। पारस्परिक प्रेम व भाई–चारे में कमी आ जाती है। अहंकार हम पर हावी होता चला जाता है। परिणाम स्वरूप जन मानस में क्रोध, ईर्ष्या व नफ़रत जैसी जघन्य बुराइयाँ पैदा होने लग जाती हैं। ऐसी स्थिति में हम सब का यह कर्तव्य बनता है कि इस बुराई को जड़ से मिटायें। अहंकार से मुक्ति पायें। अहंकार से मुक्ति के लिए हमें उसके तह में जाना होगा। अहंकार के गर्भ में छिपी हुई बुराइयों का आत्मविश्लेषण करना होगा, आत्मचिंतन करना होगा। गंभीरता पूर्वक विचार–विमर्श करना होगा। अहंकार के कारण हमारी बुद्धि पर पड़ने वाले प्रभाव को समझना होगा।इस प्रकार उपरोक्त बातों को संज्ञान में लेते हुए हम अहंकार के अभिप्राय को निम्न

परिभाषाओं के आधार पर अपनी सरल भाषा में समझा रहे हैं—

- अहंकार, असभ्य एवं दुराचरण युक्त एक ऐसा प्रयोजन है जो मनुष्य को पतन की ओर ले जाता है।

- अहंकार, निराशाजनक एवं नकारात्मक शब्दावली का एक ऐसा संग्रह है जो समाज में नफ़रत फैलाने का कार्य करता है।

- अहंकार, आवेशयुक्त, हताशापूर्ण एवं निरर्थक विचार धाराओं का एक ऐसा समन्वय है जिसमें मनुष्य अपना संतुलन पूरी तरह से खो बैठता है।

- अहंकार, मनुष्य के संकीर्ण विचारधाराओं का एक ऐसा मनोवैज्ञानिक प्रदर्शन है जो उसे क्षणिक आनंद की अनुभूति अवश्य कराता है।

- अहंकार, मनुष्य के चित्त–पटल में प्रसुप्त वह उत्तेजन शीलता है जिसके कारण उसकी जीवन शैली तनावपूर्ण बनकर रह जाती है।

- अहंकार, मनुष्य की वह अक्रामक शैली है जो लोगों को ठेस पहुँचाने का कार्य करती है।

- अहंकार, इंसान के स्वार्थपूर्ण एवं गरिमा रहित मनोभावों का एक ऐसा गठजोड़ है जो

सज्जनता व शालीनता से हटकर वह अपना ही अस्तित्व एवं आधिपत्य बरकरार रखना पसंद करता है।

- अहंकार, मानव के दैनिक जीवन चर्या की एक ऐसी क्षणिक आत्म संतुष्टि है जो बाद में उसके उपहास में परिवर्तित हो जाती है।

- अहंकार, मानव की एक ऐसी अनावश्यक संकल्पना है जो उद्वेलित होकर क्रोध को जन्म देती है।

- अहंकार, मानव की एक ऐसा औचित्यहीन दृष्टिकोण होता है जो पारस्परिक ईर्ष्या–द्वेष को बढ़ावा देता है।

- अहंकार, मनुष्य के वे कलुषित विचार हैं जो समाज में आडम्बर और दिखावा आदि दुर्गुणों को प्रदर्शित करते हैं।

- अहंकार, मानव की उस संस्कृति का नाम है जिसमें वह केवल अपनी आवाज की ही बुलंदी चाहता है दूसरों की नहीं।

- अहंकार, मनुष्य की वे आतंरिक धारणाएँ हैं जिसमें न तो सहिष्णुता होती है और न शालीनता होती है।

- अहंकार, मनुष्य का वह संकीर्णतम् चिंतन है जो उसके बड़प्पन पर कुठारघात करता है।

- अहंकार, मानव का वह अश्त्र है जो अंत में उसी पर वार करता है तथा उसे नष्ट करके ही दम लेता है।

- अहंकार, मनुष्य के मुख से निसृत वह वाणी है जिसमें चेतन्यता का अभाव होता है तथा वाणी पर कोई नियंत्रण नहीं होता है।

- अहंकार, मानव का वह चिंतन व उसकी सोच है जिसमें न कोई आदर्श है, न कोई सिद्धांत है, न कोई करुणा है, न कोई दया है,न कोई गौरव है न कोई गरिमा है, न कोई बड़प्पन है न कोई प्रतिष्ठा है।

****

इंसान के पारिवारिक व सामाजिक जीवन में अहंकार का क्या प्रभाव पड़ता है ?

पिछले दो अध्यायों में हम यह स्पष्ट कर चुके हैं कि अहंकार,इंसान के अंतःकरण में छिपी हुई एक ऐसी उत्तेजन शीलता है जिसके कारण उसकी जीवन शैली तनावपूर्ण बनकर रह जाती है। साथ ही यह भी बता चुके हैं कि अहंकार, मानव की वे आंतरिक धारणाएँ हैं जिसमें न तो सहिष्णुता होती है और न विवेक शीलता होती है। समाज में भिन्न—भिन्न प्रकार के लोग देखने को मिलते हैं। किसी के पास बाहुबल है, तो किसी के पास अधिक धन है, या फिर वह स्वयं अथवा उसके बेटे ऊँचे पदों पर विराजमान हैं,कुछ लोग बड़े ही विद्वान हैं तो फिर कुछ लोग सुन्दरता में अग्रणी हैं। कुछ अच्छे वादक हैं तो कुछ अच्छे गायक भी हैं। समाज में कुछ लोग अच्छे वक्ता हैं तो फिर कुछ लोग अच्छे व योग्य अधिवक्ता भी हैं। तो समझिये कि इन लोगों में अपनी योग्यता व विशेषताओं के कारण थोड़ा बहुत अहंकार पूर्ण विचार एवँ भावनाओं का जागृत होना स्वाभाविक ही है।

हमारी योग्यता व कार्य कुशलता चाहे ग्रामीण स्तर की हो अथवा शहरी स्तर की हो, राष्ट्रीय स्तर

की हो अथवा अन्तर्राष्ट्रीय स्तर की हो अथवा चाहे एक परिवार के स्तर की ही क्यों न हो, हर स्थिति में अहंकार दुःखदायी व बड़ा ही कष्ट प्रद होता है। यह सच है कि मानव जीवन उसके विचारों, भावनाओं, आदर्शों एवं उसके कार्यकलापों द्वारा ही निर्मित होता है। यानी इंसान का जैसा चिंतन होगा, जैसा उसका चरित्र होगा तथा साथ ही साथ जैसा उसका व्यवहार होगा,ठीक वैसा ही उसके जीवन का स्वरूप होगा। समाज में वैसा ही उसका व्यक्तित्व होगा, सम्मान होगा, प्रतिष्ठा होगी तथा समाज में उसकी उपयोगिता होगी।

जब मनुष्य के अन्दर किसी कारण वश अहंकार का भाव जाग्रत होता है तब वह सिर्फ़ और सिर्फ़ यही सोचता है कि घर, परिवार और समाज में सभी लोग मेरे ही विचारों का अनुसरण करें, मेरी ही बातों को सही व उचित मानें। मैं जो कुछ भी कह रहा हूँ वही अच्छा है। औरों की अपेक्षा श्रेष्ठ है। अहंकारी व्यक्ति प्रत्येक वस्तु पर अपना ही एकाधिकार चाहता है। उसका लाभ भी वह अकेले ही उठाना चाहता है। वह किसी का हस्तक्षेप पसंद नहीं करता है। यदि कोई समाज का सम्मानित व्यक्ति उसकी बात का खण्डन करता है अथवा वह अपनी बात को उसके

सम्मुख रखने का प्रयास करता है तो समझिये वह उस व्यक्ति का अपमान करने में कदापि कोताही नहीं बरतेगा। अर्थात वह उस व्यक्ति के साथ झगड़ा करने में कतई नहीं चूकेगा।

सज्जनो! अब हम यह चर्चा करेंगे कि अहंकार के कारण मानव जीवन किस प्रकार प्रभावित होता है ? यानी उसके जीवन में क्या–क्या परेशानियाँ आ सकती हैं। इन सवालों का जवाब हम अपने अनुभव व अनुभूतियों के आधार पर अपनी साधारण व सरल भाषा में निम्न प्रकार से बिन्दुवार दे रहे हैं –

•	गाँव अथवा शहर के किसी मोहल्ले में जब किसी अभिमानी व्यक्ति से किसी अन्य व्यक्ति के साथ किसी बात को लेकर कोई वारदात हो जाती है तो निश्चय ही अभिमानी व्यक्ति उस वारदात को एक झगड़े में बदल देगा। फिर चार आदमी दोनों व्यक्तियों को अलग–अलग कर देते हैं तथा बाद में इस अभिमानी व्यक्ति को दोषी ठहराते हुए उसको डांटते हैं। इस प्रकार अहंकार की वजह से उसे जलील होना पड़ जाता है। जिसका परिणाम यह होता है कि उसका उसी के परिवार में भी अपमान होना प्रारंभ हो जाता है जिसके कारण उस व्यक्ति को कई दिनों तक मानसिक तनाव झेलना पड़ जाता है।

- कभी–कभी अहंकारी व्यक्तियों के साथ झगड़ा इतना बढ़ जाता है कि शिकायत करने पर पुलिस आ जाती है तथा दोनों पक्षों को पकड़ कर थाने में ले जाती है तथा वहाँ पर पुलिस के कर्मचारी इन लोगों के साथ गाली–गलौज तथा आवश्यकता पड़ने पर उनकी मारपीट भी कर सकते हैं। यानी वहाँ पर उनका अपमान होता हुआ स्पष्ट दिखाई पड़ता है। जिसके कारण समाज में उनके व्यक्तित्व की परिभाषा ही बदल जाती है।

- कभी–कभी अहंकार के कारण व्यक्ति अपना स्वाभिमान बरकरार रखने के उद्देश्य से अपनी पत्नी से भी लड़ बैठता है। दोनों में बहस होने लगती है। समय अंतराल के बाद दोनों का स्वाभिमान जाग उठता है यानी अपनी अपनी प्रतिष्ठा का प्रश्न जोर पकड़ने लगता है। पंचायतें होती हैं। रिश्तेदार बुलाये जाते हैं। गाँव के कुछ बुजुर्ग लोग भी बुलाये जाते हैं। लड़की के ससुराल वाले व उसके मायके वाले मिलकर यदि समझौता कर लेते हैं तो भी उस अहंकारी व्यक्ति की जगहंसाई तो हो ही जाती है। जो उस व्यक्ति को काफी समय तक मानसिक कष्ट देती रहती है।

• जब कभी परिवार में कृषि(खेती) का बँटवारा होता है तथा परिवारीजन मिल बैठकर इस समस्या का समाधान ढूँढ़ने का प्रयास करते हैं। यदि परिवार में कोई ऐसा परिजन है जिस पर अभिमान का नशा चढ़ा हो तो वह कुछ अधिक लेने के चक्कर में इस प्रयास को सफल नहीं होने देगा। तब ऐसी स्थिति में अन्य हिस्सेदार अदालत का सहारा लेते हैं। परिणाम यह होता है कि दोनों पक्षों का आर्थिक नुकसान होने के साथ साथ समय की बर्बादी भी होती है। परिणाम स्वरूप एक दूसरे के प्रति वैमनस्यता पैदा हो जाती है तथा उस अहंकारी व्यक्ति से सब घृणा करने लगते हैं। तभी तो कहा गया है कि अहंकार, मानव की एक ऐसी परिकल्पना है जो लोगों में भाई–चारे की भावनाओं के मध्य व्यवधान पैदा करती है।

• अहंकार के कारण इंसान में क्रोध पैदा होता है। क्रोध के कारण वह कभी भी प्रशन्नचित्त मुद्रा में दिखाई नहीं देता है। उसका चेहरा तम–तमाता रहता है। उसकी प्रवृत्ति स्वार्थ पूर्ण हो जाती है। परिणाम स्वरूप अधिकांश लोग उसका साथ ही छोड़ देते हैं। इस प्रकार उसे अकेलापन झेलना पड़ता है।

• अहंकार के कारण इन्सान में ईर्ष्या–द्वेष व नफ़रत जैसी जघन्य विकृतियाँ भी प्रवेश कर जाती हैं। जिसके कारण वह अन्य व्यक्तियों से ईर्ष्या करता है। समयांतराल के बाद यही ईर्ष्या नफ़रत में बदल जाती है। इस प्रकार अहंकार करने वाला इंसान असामाजिक बन जाता है। परिणाम स्वरूप अपना सम्मान व मान–मर्यादा खो बैठता है।

• चूँकि अभिमानी लोगों में सहन शीलता का नितांत अभाव प्रायः देखने को मिलता है। इस कारण अपने तथा अपने परिवार के प्रति होने वाले नुकसान को वे सहज सहन नहीं कर पाते। परिणाम स्वरूप वे काफी दिनों तक चिंताग्रस्त ही रहते हैं।

• चूँकि अभिमानी व्यक्तियों की चिन्तनशीलता तथा व्यवहार शीलता में अन्य लोगों की तुलना में काफी भिन्नता देखने को मिलती है। इस कारण उनकी वार्तालाप की शैली एवं उनके कार्य करने का तरीका अन्य लोगों से कुछ अलग ही होता है। उनके विचारों व भावनाओं में 'अहं' का भाव परिलक्षित होता है। परिणाम स्वरूप ऐसे लोगों का सामान्य जीवन असामाजिकता को ग्रहण कर लेता है।

• चूंकि अभिमानी व्यक्ति का मस्तिष्क ऊंच–नीच और भेद भाव की भावनाओं से ग्रसित होता है। इस कारण वह गरीब व निम्न वर्ग के लोगों के साथ सामजस्यता का निर्वहन नहीं कर पाता तथा वह इस प्रकार के लोगों के साथ दूरियाँ बना कर रखता है। परिणाम स्वरूप वे लोग भी उसे सम्मान जनक स्थान नहीं देते हैं।

• यह भी प्रायः देखने व सुनने को मिल जाता है कि अदालतों में जितने मुकदमे भी होते हैं उनमें अधिकांश मुकदमे अहंकार की वजह से भी होते हैं। जिसके कारण सम्बंधित पक्षों को काफी धन हानि उठानी पड़ती है।साथ ही साथ एक बहुमूल्य समय की बर्बादी भी झेलनी पड़ती है। इसके अलावा आपसी प्रेम व भाई–चारा भी नदारद हो जाता है। आपसी वैमनस्यता बढ़ती है तथा पारस्परिक द्वेष व नफ़रत भरा वातावरण बनकर तैय्यार हो जाता है। परिणाम स्वरूप अभिमानी व्यक्ति के प्रति रोष उत्पन्न हो जाता है तथा वह घृणा का पात्र बन जाता है।

इस प्रकार हम अपने अनुभव व अनुभूतियों के आधार पर कह सकते हैं कि पद–प्रतिष्ठा, धन–सम्पदा व बाहुबल के कारण उत्पन्न हुआ 'अभिमान' इंसान के मन व मस्तिष्क में कितना गहरे

में छा जाता है। उसकी बुद्धि व विवेक को कितना जकड़ लेता है कि घर–परिवार व समाज में कार्यान्वित प्रत्येक कार्य में सदैव अपना ही स्वार्थ देखता है। यहाँ तक कि पति–पत्नी के मध्य होने बाले मन–मुटाव में सिर्फ़ और सिर्फ़ 'अहंकार' का ही प्रभाव देखने व सुनने को मिलता है। जिसके कारण विवाह के पवित्र बंधन टूट कर बिखर जाते हैं। इतना ही नहीं भाई–भाई के मध्य मन मुटाव का कारण भी यही अभिमान है।बाप–बेटे के मध्य नोंक–झोंक होने का कारण भी 'अभिमान' ही है। आजकल जितनी भी पंचायतें असफल होती हैं वे सिर्फ़ और सिर्फ़ 'अहंकार' के कारण असफल देखी गयी हैं।

****

अहंकार को हम कैसे कम करें ?

पिछले अध्यायों में हमने यह बताया है कि अहंकार का मतलब क्या है। यह हमारे शांति प्रिय जीवन को किस तरह प्रभावित करता है। हमारी बुद्धि,मन और वाणी को किस प्रकार कलुषित करता है। अब हम इस अध्याय में इस बात पर चिंतन व मनन करेंगे कि हम अपने इस दुःखदायी अहंकार को किस प्रकार कम कर सकते हैं।

सज्जनो! अहंकार का मतलब समझने से, उसकी तह में जाने से अथवा उसकी बारीकियाँ कुरेदने से तथा उसका विश्लेषण करने से हमें इतना तो समझ में आ ही गया है कि हमारे अन्दर अहंकार के रहते हुए हमारे परिवार में न तो सुख मिल सकता है, न संतोष मिल सकता है, न समृद्धि मिल सकती है और न सम्मान ही मिल सकता है। इसके अतिरिक्त इधर हम यह भी सोचते हैं कि वह जीवन ही क्या जिसमें सुख–शांति न हो। जिसमें प्रसन्नता व मुस्कराहट न हो, जिसमें चैन से नींद न आती हो, आनंद व संतोष का अभाव हो, हर समय चिंता, तनाव व घुटन में रहना पड़ता हो आदि ऐसी अत्यंत सोचनीय बातें हैं जिनका प्रभाव हमारे मन और बुद्धि पर पड़ना लाज़मी है। इतना ही नहीं इन बातों से

हमारे स्वभाव में भी चिढ़चिढ़ापन आ जाता है। इस कारण हमारे लिए यह आवश्यक हो जाता है कि हम धीरे–धीरे इसे कम करें। इसका विनाश करें तथा इससे मुक्ति पावें। बंधुओ! हमें अपने अन्दर के अहंकार को कम करने के लिए किसी भी प्रकार के कठोरतम् जप, तप, अनुष्ठान, पूजा–पाठ व योग साधना की आवश्यकता नहीं है बल्कि हमें आवश्यकता है एक भाव भरी जिज्ञासा की, एक सकारात्मक सोच की एवं अपने लक्ष्य तक पहुँचने तक एक दृढ़ संकल्प की। इसके लिए हमें ऐसा मार्ग–दर्शन चाहिए जो समाज के हर वर्ग व स्तर के लोगों के लिये सरल व सुगम हो। साथ ही साथ समाज के सभी लोग अपने जीवन में बिना किसी कठिनाई के उतार सकें। हम अपने अनुभवों को संज्ञान में लेते हुए इस समस्या के समाधान हेतु अपनी सरल व सुगम भाषा में निम्न पंक्तियों में एक मार्ग–दर्शन के रूप में अपने सुझाव इस प्रकार प्रस्तुत कर रहे हैं–

• हमारे ब्रह्म ज्ञानियों ने सदैव यही बताया है कि विश्व के समस्त मनुष्यों की मानव आकृति का निर्माण पृथ्वी, जल, अग्नि, वायु और आकाश इन्हीं पांच तत्वों से मिलकर हुआ है। जब बच्चा अपनी माँ के गर्भ में

आता है तो उसके जन्म होने का कार्यकाल भी नौ महीने का ही निर्धारित है।

• उन्होंने यह भी बताया है कि नौ महीने के बाद जब कोई बच्चा अपनी माँ की कोख से जन्म लेता है तो वह सिर्फ़ और सिर्फ़ एक इंसान होता है,एक मानव होता है। जन्म लेने के बाद उस बच्चे के माता–पिता को भी नहीं मालूम होता है कि जन्म से पहले उस बच्चे की जाति व धर्म क्या था।

• जब बच्चा ज्यों ज्यों बड़ा होता जाता है तब वह अपने माता–पिता व अन्य अपने परिवारीय जनों से अपनी जाति व धर्म के बारे में जानकारी ले लेता है। साथ ही साथ घर–परिवार में परम्परागत होने वाले पूजा–पाठ का विधि–विधान, अपने इष्टदेव तथा अपने परिवारीयजनों द्वारा बनाये गए आध्यात्मिक गुरु जी के बारे में भी वह भली भांति जान जाता है।

• समयांतराल के साथ साथ परिवार में होने वाली पूजा–अर्चना के प्रति,अपने भगवान के प्रति तथा अपने परमपूज्य गुरुदेव के प्रति आस्था व विश्वास में वृद्धि होना मनुष्य के लिए एक स्वाभाविक प्रक्रिया है। इसी आस्था व विश्वास के कारण ही इंसान का स्वभाव, उसकी प्रवृत्ति प्रभावित होना लाज़िमी है।

• जहाँ तक हमारा अपने अहंकार को कम करने का सवाल है तो फिर जितना हमें अपने परमपूज्य गुरूदेव तथा अपने आराध्य के प्रति आस्था, निष्ठा और विश्वास होगा, ठीक उसी आधार पर हमारा अहंकार यदि हमारे अन्दर है तो कम होता जायेगा अथवा यदि नहीं है तो कभी आएगा ही नहीं। क्योंकि हमारे गुरुदेव व हमारे भगवान तो केवल प्रेम के भूखे होते हैं। वे हमेशा अपने भक्तों में भाईचारे की भावना देखना चाहते हैं। इंसानियत की भावना देखना चाहते हैं। इसके अतिरिक्त वे हमारे अन्दर शिष्टाचार और बड़प्पन के साथ साथ सद्व्यवहार देखना चाहते हैं। इसलिए हम सबका यह परम कर्तव्य है कि हम प्रति दिन प्रातः कालीन वेला में जागरण के साथ ही कोलाहल मुक्त वातावरण में अपने परमपूज्य गुरुदेव का स्मरण करें। अपने इष्टदेव का ध्यान करें, उपासना करें। तदुपरांत धरती माँ को चरण वंदन करें। फिर अपने माता–पिता के चरण स्पर्श करें। साथ ही साथ इन सबसे हम मानसिक रूप से यह भाव भरा निवेदन करें कि आप हमें ऐसी शक्ति प्रदान करें जिससे हम अपने अन्दर की बुराइयों को त्याग सकें तथा एक अच्छा मार्ग ग्रहण करें। बस इसी तरह का निवेदन हम रात्रि को सोने के पूर्व भी करते रहें। तो कालांतर में हमें अच्छे ही परिणाम देखने को मिलेंगे।

•	इसी प्रकार यदि हम अपने परिवार में अपने से बड़ों का सम्मान करेंगे, गाली–गलौज का प्रयोग कदापि नहीं करेंगे, महिलाओं का अनादर नहीं करेंगे तथा सबके साथ प्रेम और भाई–चारे की भावना रखेंगे तो फिर वह दिन दूर नहीं जब हमारा अहंकार नष्ट होकर ही रहेगा।

•	यदि हम यह सोच लें कि जो हमारे पास पद व धनदौलत है वह सब भगवान की कृपा से ही प्राप्त हुई है। जिसको लेने में हमें वर्षों लग गए तथा जाने में कोई देर नहीं लगेगी तो फिर अहंकार क्यों करें व किस बात का करें।

•	यदि हम वसुधैव कुटुम्बकम् को अपना कर चलें जिसका अर्थ है – पूरी वसुधा यानी धरती एक कुटुंब है जिस पर निवास करने बाले बुजुर्ग हमारे ही बुजुर्ग हैं, बच्चे हमारे ही बच्चे हैं तथा महिलाएं हमारी ही बहन–बेटियाँ हैं।तब ऐसी स्थिति में समाज में लोगों के साथ सद्व्यवहार बढ़ेगा।साथ ही साथ अपने को जाति–पांति व गरीब–अमीर के झमेले से बाहर निकाल सकेंगे। फिर अहंकार नाम की कोई चीज नहीं रहेगी।

•   अपना अहंकार कम करने के लिए अथवा भविष्य में भी हमारे अन्दर अहं की भावना उत्पन्न न हो तो यह आवश्यक है कि हम अपने परिवार में सभी लोगों के साथ सामजस्य बना कर चलें। उनके साथ तालमेल बनाकर चलें। सब की समस्याओं को समझें तथा उनका यथोचित समाधान करें। यहाँ तक कि समाज में भी अपने पड़ोसियों के साथ अच्छा तालमेल रखें। सबके सुख–दुःख में समिलित हों, सबकी सुनें व सबको सम्मान दें।

•   इतना सब कुछ होने के साथ–साथ यदि इंसान में सहनशीलता की भावना का प्रादुर्भाव और हो जाये तो समझिये अहंकार का नामो–निशान भी नहीं रहेगा। परिणाम स्वरूप परिवार में भी सम्मान मिलेगा, समाज में भी सम्मान मिलेगा तथा साथ ही साथ यात्राओं में भी सम्मान मिलेगा। इंसानियत व शिष्टाचार से सबके दिलों को आसानी से जीता जा सकेगा।

अंत में हम कह सकते हैं कि अहंकार कम करने के उपर लिखित हमारे सुझाव इतने सरल व सुगम हैं कि इंसान के सम्मुख अति व्यस्तता व समय का आभाव होने के बावजूद भी वह अपने रोजमर्रा के जीवन में बिना किसी कठोर साधना के बड़ी ही

आसानी से इन्हें अपना सकता है तथा अपने जीवन को खुशियों से भर सकता है।

****

'भाईचारा' से क्या अभिप्राय है ?
(प्रथम भाग)

सज्जनो! भाईचारा का शाब्दिक अर्थ है—भाई जैसा आचरण अर्थात् समस्त मानव प्राणियों के साथ ऐसा व्यवहार जिसमें भ्रातत्व का भाव छिपा हो। इंसान का इंसान के प्रति ऐसा व्यवहार जिसमें आत्मीयता व अपनेपन का आभास हो रहा हो। जिसमें शालीनता व शिष्टता की अनुभूति हो रही हो। जिसमें विनम्रता व बड़प्पन का समावेश परिलक्षित हो रहा हो, इतना ही नहीं जिसमें निष्कपटता व निश्छलता की एक झलक दिखाई दे रही हो। तो फिर इस प्रकार पारस्परिक व्यवहार में जिस गरिमामयी संस्कृति का दीदार होता हो उस संस्कृति को ही हम अपनी भाषा में 'भाईचारा' कह सकते हैं। हमारे अनुभव बताते हैं कि इंसान के सम्पूर्ण जीवन में स्थायी शांति सिर्फ़ और सिर्फ़ भाईचारे में ही निहित है। चाहे परिवार की बात कहें, चाहे समाज की बात कहें अथवा चाहे राष्ट्रीय व अंतर्राष्ट्रीय स्तर की बात कहें। परस्पर भाईचारे के बिना स्थायी शांति कठिन ही नहीं असंभव ही है।

इधर हम भलीभांति यह भी जानते हैं कि वर्तमान युग वैज्ञानिक युग है, कंप्यूटर का युग है।

हर नौजवान का मस्तिष्क कंप्यूटर जैसा ही है। वह हर बात को जानने के लिए उसके तह में जाना चाहता है। वह हर मोड़ पर प्रमाणिकता चाहता है। जब वह संतुष्ट हो जाता है तब कहीं जाकर वह अपने मानसिक परिवर्तन की बात सोचता है। वह अपने नफ़ा–नुकसान की बात सोचता है। वैसे तो हमारे बुजुर्ग हमेशा से ही भाईचारे के पक्षधर रहे हैं। परस्पर भाईचारे से रहना उनका स्वभाव था। उनका सिद्धान्त था। उनका आदर्श था। परन्तु वर्तमान में भाईचारे का दिनोंदिन ह्रास होता हुआ नज़र आ रहा है। इसका मुख्य कारण है मनुष्य की अज्ञानता , यानी भाईचारे की महत्ता को न समझना। कुछ प्रश्न ऐसे हैं जो आज लगभग हर इंसान के मस्तिष्क में गूंजते रहते हैं। जैसे भाईचारा क्या है ? भाईचारे की क्या पृष्ठभूमि होती है? भाईचारे का मनोवैज्ञानिक दृष्टिकोण क्या है ? इसकी क्या फिलोस्फी है? मानव हृदय को शांति देने वाली इसमें कौन सी दिव्य शक्ति छिपी हुई है ? भाईचारे में ऐसे कौन से गुण हैं जिसके कारण हमारे बुजुर्ग, धर्माचार्य व राजनेता तक जनता जनार्दन को परस्पर भाईचारे से रहने की अक्सर नसीहत देते रहते हैं।

सज्जनो, इन उपरोक्त प्रश्नों का सही जवाब न मिलने के कारण आज हम देखते हैं कि परिवार व समाज के लोगों में परस्पर भाईचारा लगभग समाप्त सा होता जा रहा है। इसके स्थान पर लोगों में अहंकार, ईर्ष्या, क्रोध व नफ़रत जैसी बुराइयाँ स्थापित होती जा रही हैं। लोगों में पारस्परिक मन–मुटाव व मतभेद दिनों दिन बढ़ते जा रहे हैं। लोग एक दूसरे की बातों को सुनना तक पसंद नहीं करते हैं। लोग स्वार्थ की ओर दौड़े चले आ रहे हैं। समाज में अशान्ति का दौर बढ़ता ही जा रहा है। भाई–भाई के मध्य, अपने जीवन साथी के मध्य, बाप बेटे के मध्य अथवा अपने पड़ोसियों के मध्य व्यवहार में भाईचारे की दिन प्रतिदिन कटौती होती हुई नज़र आ रही है।

अतः इन प्रश्नों का सही जवाब जानने के उद्देश्य से हमने समाज में रहते हुए "सामाजिक प्रयोगशाला" में अध्ययन किया व आत्मविश्लेषण किया तथा जो भी निष्कर्ष निकले उन्हें शिरोधार्य करते हुए भाईचारे की अवधारणा व फिलोस्फी को हम परिभाषाओं के माध्यम से इस प्रकार अभिव्यक्त कर रहे हैं–

- भाईचारा, मानव के वे आदर्श विचार हैं जिसमें विनम्रता व सज्जनता के साथ साथ मानवीयता के भाव भी पाये जाते हैं।

- भाईचारा, इंसान की वह सोच है जिसमें सहिष्णुता व शालीनता के साथ साथ इंसानियत भी होती है।

- भाईचारा, मानव की एक ऐसी परिकल्पना है जिसमें एक दूसरे के प्रति सम्मान, सद्भाव, सद्विचार व समर्पण का भाव झलकता है।

- भाईचारा, मनुष्य के अंतर्मन से निसृत एक ऐसी वाणी है जो मनुष्य में सुख, शांति व संतोष का आभास कराती है।

- भाईचारा, इंसान की एक ऐसी दिव्य साधना है जिसको साधने से लोगों के मध्य मित्र भाव पैदा होते हैं तथा दूरियां भी कम होती चलीं जाती हैं।

- भाईचारा, मनुष्य के लिए एक ऐसा साधन है जिसके समुचित प्रयोग से आपसी द्वेष भाव समाप्त हो जाते हैं।

- भाईचारा, एक ऐसी मानवीय संस्कृति है जो लोगों में एक अच्छे संस्कार पैदा करती है।

- भाईचारा, मानव के जीवन पर्यंत संचालित होने बाली एक ऐसी स्वाभाविक प्रक्रिया है जो इंसान

को इंसान की तरह जीवन जीने के लिए प्रेरित करती रहती है।

- भाईचारा, एक ऐसी सुगन्धित अमृत धारा है जिसके सेवन से हमारे अन्दर के कल्मष–कषाय स्वतः ही परिष्कृत होते चले जाते हैं।

- भाईचारा, गीता का वह सन्देश है जो हमें निष्काम कर्म करने की प्रेरणा देता है।

- भाईचारा, एक ऐसी संजीवनी है जिसके सेवन से हमारा मानसिक तनाव तथा रक्तचाप स्वतः ही नार्मल हो जाते हैं।

- भाईचारा, इंसान के जीवन जीने की वह कला है जो इंसान को एक मुस्कराहट भरा जीवन जीने का मार्ग प्रशस्त करती है।

- भाईचारा, एक ऐसी शैक्षणिक प्रणाली है जो हमें लोगों के साथ मिल जुलकर रहने की शिक्षा प्रदान करती है।

- भाईचारा, एक ऐसी दिव्यज्योति है जो हमारे अंतःकरण को सदैव प्रकाशित करती रहती है।

- भाईचारा, एक ईश्वरीय प्रदत्त शाश्वत , प्राकृ तिक एवं स्वाभाविक प्रक्रिया है जिसमें आत्मीयता , मानवीयता व उदारता के साक्षात् लक्षण दिखाई देते हैं।

- भाईचारा, मानव के चिंतन, चरित्र व व्यवहार का एक ऐसा मनोवैज्ञानिक समन्वय है जो मानव हृदय में देवत्व एवँ परिवार में स्वर्ग जैसी अनुभूति का स्पष्ट आभास कराता है।

- भाईचारा, एक ऐसी अचूक रामबाण औषधि है जो लोगों में व्याप्त अहंकार ,क्रोध, ईर्ष्या व नफ़रत जैसी विकृतियों को जड़ से मिटाने का काम करती है।

- भाईचारा ,मानव के चित्त में छिपा हुआ एक ऐसा दैवीय गुण है जो दो अपरिचितों में अनायास ही मधुर सम्बंध बनाने में कामयाब हो जाता है।

- भाईचारा, एक ऐसी असाधारण घटना है जिसमें वास्तविकता व सच्चाई के साथ–साथ इंसान में समझदारी भी दिखाई देती है।

- भाईचारा, एक ऐसी मानसिक संवेदना है जिसमें न तो कोई पाखंड होता है , न कोई ढोंग होता है और न कोई दिखावा होता है।

- भाईचारा, आध्यात्म और वैज्ञानिक संरचनाओं का एक ऐसा समन्वय है जो मानव अंतःकरण को स्पंदित कर उसे सत्–चित्–आनंद का आभास कराता है।

- भाईचारा, मानव की एक ऐसी मनोवांछित जीवन शैली है जिसमें मानव अपनी आत्मसंतुष्टि के साथ दूसरों का दिल जीतने में कामयाब हो जाता है।

- भाईचारा, मानव की एक ऐसी सकारात्मक सोच है जो दूसरों के सुख–दुःख में अपनी भागीदारी सुनिश्चित करती है।

- भाईचारा, मानव की एक ऐसी सृजनात्मक विचारधारा है जो उसके मार्ग दर्शक बनने में अभीष्ट भूमिका का निर्वहन करती है।

- भाईचारा, मानव के वे श्रेष्ठ विचार हैं जो पारिवारिक व सामाजिक समस्याओं को सुलझाने में सहायक सिद्ध होते हैं।

- भाईचारा, मानव के लिए एक आदर्श है , एक दर्शन है जिसके तहत लोगों के मध्य सामंजस्यता की भावनाओं में प्रगाढ़ता आती है।

- भाईचारा, इंसान की एक ऐसी अतार्किक जीवन शैली है जो उसे जटिलताओं से निकाल कर सहजता की ओर ले जाती है।

- भाईचारा, मनुष्य का वह आध्यात्मिक जीवनमूल्य है जिसमें सत्य ,न्याय, क्षमा जैसे

सदगुणों की उपस्थिति स्पष्ट देखने को मिलती है।

****

'भाईचारा' से क्या अभिप्राय है ?
(द्वितीय भाग)

सज्जनो! पिछले अध्याय भाईचारा से क्या अभिप्राय है (प्रथम भाग) में हमने यह बताने का प्रयास किया है कि भाईचारा का वास्तविक अर्थ क्या है, घर,परिवार तथा समाज में इसकी क्या उपयोगिता है। मानव जीवन में यह किस प्रकार सुख और शांति प्रदान करता है। यह किस प्रकार हमें सत्-चित्-आनंद का आभास कराता है। अब हम प्रस्तुत अध्याय में यह बताना चाहते हैं कि यदि हम अपने अन्दर की भाईचारे की दिव्यचेतना को जाग्रत करना चाहते हैं, समाज व परिवार में पारस्परिक भाईचारे का सम्बंध कायम रखना चाहते हैं तो फिर हमें पिछले अध्याय में उध्दृत विचारों के साथ साथ एक और सिद्धान्त पर विचार करना होगा जिसका नाम है "वसुधैव कुटुम्बकम् का सिद्धान्त" जिसका अर्थ है, पूरी धरती एक परिवार है। इसे इस प्रकार भी कह सकते हैं कि इस पृथ्वी पर जितने भी बुजुर्ग हैं वे सब अपने ही बुजुर्ग हैं। जितने भी बच्चे हैं वे सब अपने ही बच्चे हैं। जितनी भी महिलाएँ है वे सभी अपनी ही माँ, बहनें और बेटियाँ हैं।

कहने का अभिप्राय यह है कि घर, परिवार, पड़ोस, गाँव, कस्बा, नगर व महानगरों में निवास करने बाले सभी इंसान चाहे वे किसी भी जाति के हों, किसी भी धर्म व सम्प्रदाय के हों, गरीब अथवा अमीर क्यों न हों वे सब के सब श्रृष्टि सृजन कर्ता की ही संतान हैं। परम पिता परमेश्वर के ही प्रिय पुत्र और पुत्रियाँ हैं। इन सब के साथ इंसानियत के साथ पेश आना ही भाई चारा है। इनके साथ शिष्टाचार का आचरण करना ही भाईचारा है। इनके दुःख दर्द को समझना, मिल बैठकर समस्याओं का समाधान ढूँढ़ना, विनम्रता व शालीनता के साथ बातचीत करना, मधुर और सौम्य भाषा का इस्तेमाल करना, समय–समय पर जरुरतमंदों को उचित मार्गदर्शन देना आदि ऐसे सद्कर्म हैं जो हमें पारस्परिक भाईचारा का एहसास कराते हैं।

सज्जनो! भाईचारा से सम्बंधित जो उपरोक्त बिचार हमने आपके सम्मुख प्रस्तुत किये हैं वे सभी बिचार घर परिवार व समाज में रहते हुए भिन्न भिन्न लोगों से संपर्क कर उनसे प्राप्त अनुभवों का ही सकारात्मक परिणाम है। इन्हीं अनुभव व अनुभूतियों को संज्ञान में लेते हुए हम भाईचारे की अवधारणाओं व दर्शन को व्यक्त करने के साथ साथ उसमें मौजूद

तत्त्वों का भी विश्लेषण करेंगे जिनके कारण इंसान को अपार सुख और शान्ति का आभास होता है इस प्रकार परिभाषाओं के माध्यम से भाईचारे की भावनाओं से निसृत सुखद भाव तरंगों को हम निम्न प्रकार से बिन्दु वार प्रस्तुत कर रहे हैं—

- भाईचारा, श्री रामचरितमानस का वह सन्देश है जो अन्याय व अत्याचार के विरुद्ध संघर्ष करने व उन पर विजय प्राप्त करने में अपना पूर्ण सहयोग प्रदान करता है।

- भाईचारा, सम्पूर्ण मानव जाति के लिए एक शुभ संकेत है जो उसे वसुधैव कुटुम्बकम् के सिद्धांत को अपनाने के लिए मार्ग प्रशस्त करता है।

- भाईचारा, मनुष्य का एक ऐसा महत्त्वपूर्ण कदम है जो उसे कंटकाकीर्ण मार्ग से निकाल कर सौहार्द पूर्ण मार्ग की ओर अग्रसित करता है।

- भाईचारा, सत्य—सनातन धर्म का एक ऐसा प्रतीकात्मक पहलू है जो सभी धर्म , जाति, सम्प्रदाय मजहब के लोगों में मौजूद संकीर्णताओं को दूर करने का प्रयास करता है।

- भाईचारा, मानव की एक ऐसी धरोहर है जो उसे वेदों , पुराणों, शास्त्रों, कुरान शरीफ़ ,

बाइबिल व गुरुग्रंथ साहिब आदि पूज्यनीय धर्म ग्रंथों से विरासत के रूप में मिली है।

* भाईचारा, मानव जीवन का वह श्रेष्ठतम् मार्ग है जिस पर चल कर वह परमानंद की प्राप्ति करता है।

* भाईचारा, मानव की वह मनःस्थिति होती है जो उसके मन को नियंत्रित करती रहती है।

* भाईचारा, मानव जीवन का वह सार्थक क्षण है जो उसमें मौजूद आत्मतत्व का बोध कराता है।

* भाईचारा, एक ऐसा प्रेरणादायक श्रोत है जो मनुष्य के अन्दर की मलिनता को स्वच्छ कर उसे सुन्दर व सौम्य बनाता है।

* भाईचारा, मानव का वह उत्कृष्ट चिंतन है जो स्वयं के साथ साथ दूसरों के हृदय को भी हर्ष व उल्लास से सरावोर कर देता है।

* भाईचारा, मनुष्य की निःस्वार्थ भावनाओं से आच्छादित एक ऐसी पुनीत व प्रबल बिचारधारा है जो मानव जीवन की दशा और दिशा दोनों में आमूलचूल परिवर्तन करने में पूरी तरह से सक्षम है।

* भाईचारा, मनुष्य के आदर्श पूर्ण विचारों की वह भूमिका है जिसका उद्देश्य मनुष्य के चित्त

पटल में मौजूद ईश्वरीय चेतना का आभास कराना है।

- भाईचारा, प्यार और सहकार से भरपूर मनुष्य का वह निष्कपट व निष्कलंक प्रयास है जिसमें न तो स्वार्थ होता है और न संकीर्णता होती है।

- भाईचारा, आत्मविश्वास से भरा हुआ एक ऐसा आचरण है जो भूले भटकों को रास्ता दिखाता है।

- भाईचारा, परमेश्वर द्वारा प्रदान किया गया वह अस्त्र है जो दूसरों के दिलों को जीतने में सहायक होता है।

- भाईचारा, परिवार और समाज के लिए एक ऐसा अनमोल रत्न है जो इंसान के लिए उसकी महानता और बड़प्पन का प्रतीक माना जाता है।

- भाईचारा, हरे भरे उपवन में खिलता हुआ एक ऐसा सुगन्धित पुष्प है जिसकी सुगंध से घर ,परिवार और समाज का सम्पूर्ण वातावरण महक उठता है।

- भाईचारा, इन्सान द्वारा साहस और सम्मान के साथ उठाया हुआ वह कदम है जो हमारे तथा

हमारी भावी पीढ़ी के लिए सर्वदा लाभदायक
है।

- भाईचारा, हमारे ऋषि–मुनियों के श्रीमुख से
निसृत वह दिव्य सन्देश है जिसमें सिर्फ़
समाज व राष्ट्र को ही नहीं बल्कि सम्पूर्ण
विश्व को बदलने की अभूतपूर्व क्षमता विद्यमान
है।

- भाईचारा, एक ऐसा शक्ति–प्रदर्शन है जिसको
देख कर आसुरी शक्तियाँ भी अपना मार्ग
बदलने को विवस हो जाती हैं।

****

हम भाईचारे से क्यों न रहें ?

मनुष्य एक सामाजिक प्राणी है। वह अंतिम समय तक समाज में ही रहना चाहता है। वह समाज के लोगों के साथ ही अपना जीवन यापन करना चाहता है। जब वह अपना गृहस्थ जीवन ग्रहण करता है तब उसके सम्मुख कई चुनौतियाँ आकर खड़ी हो जाती हैं। उसे कठिन से कठिन परिस्थितियों से होकर गुजरना पड़ता है। साधन संपन्न होते हुए भी परिवार में ऐसा महसूस होता है कि पता नहीं कुछ खो गया है। कभी कभी गृहस्थ जीवन का एक एक दिन तनावपूर्ण स्थिति में व्यतीत होता है जिसकी वजह से परिवार में कभी किसी पर क्रोध आता है तो कभी किसी पर झुन्झुलाहट होती है। परिवार में कब किस पर डांट पड़े पता ही नहीं चलता है। न तो दिन में चैन और न रात्रि में चैन। परिणाम यह होता है कि मनुष्य नाना प्रकार की मानसिक व शारीरिक बीमारियों से घिरना प्रारंभ हो जाता है।

समाज में रहते हुये हम यह देखते हैं कि किसी परिवार में चाहे भाई–भाई का मामला हो, चाहे बाप–बेटे का मसला हो अथवा चाहे पति–पत्नी का मामला हो यदि इसे सभी मामलों में इनकी तह में

पहुंचा जाये तो हमें यह देखने को मिलता है कि इन सभी लोगों के बीच ऐसा कोई खास कारण नहीं है जो इनके मध्य मतभेद पैदा कर सके, इनके मध्य खटास पैदा कर सके। लेकिन फिर भी हम देखते हैं कि एक छोटा सा कारण गृहक्लेश को जन्म दे डालता है। परिणाम यह होता है कि लोगों के मध्य दूरियाँ शनैः शनैः बढ़ती चली जाती हैं।

सज्जनो! गाँव, कस्बा अथवा नगरों में जाकर हम लोगों से संपर्क करते हैं तथा उनसे अपने पड़ोसियों के साथ उनके संबंधों के बारे में जिक्र करते हैं तब वे लोग बड़े ही शांतिपूर्वक हमें यह बताते हैं कि मोहल्ले में फलां लोगों से हमारे संबंध पांच वर्षों से अच्छे नहीं हैं ,फलां लोगों से हमारे संबंध दस वर्षों से अच्छे नहीं हैं। कहने का मतलब यह है कि ये लोग न तो एक दूसरे के घर आते–जाते हैं और न एक दूसरे के किसी कार्यक्रम में समिलित होते हैं। यहाँ तक कि एक दूसरे के मरे गिरे में भी शामिल होने में भी ये लोग परहेज़ करते हैं।

तो फिर आप सोचिये कि यह कैसी मानवता है, कैसी इंसानियत है ? कि छोटी–मोटी बातों पर इतना कठोर निर्णय, इतना क्रूर व्यवहार। सुनकर हृदय को कितनी वेदना होती है। कितना कष्ट होता

है ? साथ ही साथ हमें यह सोचने व चिंतन करने को विवश होना पड़ता है कि हम सब एक ईश्वर की संतान हैं। ईश्वर ने हमें अपने व्यक्तिगत कार्यों के अलावा भी एक अच्छा और सामाजिक कार्य करने के लिए बनाया है। न कि परस्पर लड़ने–झगड़ने के लिए और न कि परस्पर नफ़रत करने के लिए।

इधर गोस्वामी तुलसीदास जी मानस में लिखते हैं–

"ईश्वर अंश जीव अविनाशी।
चेतन अमल सहज सुख राशी।।"

अर्थात् हर जीव में ईश्वर का ही अंश विद्यमान है। प्रत्येक मनुष्य के हृदय में देवता वास करते हैं। इसलिए कहा जाता है–नर सेवा नारायण सेवा। अर्थात इंसान के प्रति अच्छा सोचना तथा अच्छा करना भगवान की ही भक्ति है।

सज्जनो! यदि हमारे दिल और दिमाग में यह बात भलीभांति बैठ जाये कि हर इंसान के अंतःकरण में एक दैवीय शक्ति विद्यमान है यानी हमारा अन्तःकरण करुणा, दया, परोपकार, सहानुभूति आदि सद्विचारों से सरावोर है तो फिर हमें यह भी भलीभांति

समझ में आ जायेगा कि हम पारस्परिक मतभेद न रखें। प्रेम से रहें। भाईचारे से रहें। पारस्परिक ईर्ष्या द्वेष से दूर रहें। अपनी स्वार्थ सिद्धि से बचें। समस्याओं का समाधान विवेक से करें। हम यह भी जानते हैं कि समाज का प्रत्येक व्यक्ति अपने परिश्रम से अपने परिवार का भरण–पोषण करता है। अपने धन से रहने के लिए अपना मकान बनाता है। अपने बच्चों को पढ़ाता लिखाता है। उसकी किताब,कॉपी व शिक्षण शुल्क की समुचित व्यवस्था करता है। अनेक प्रकार के साधन जुटाता है। कहने का भाव यह है कि हर इंसान अपने–अपने हिसाब से तथा अपनी अपनी क्षमता व योग्यतानुसार अपने जीवन का निर्वहन कर रहा है। तो फिर कैसा द्वेष, कैसी जलन, कैसा झगड़ा, कैसा दुर्व्यवहार, कैसा मनमुटाव।

सज्जनो! यह सब क्या है? यह सब अज्ञानता है, संकीर्णता है, अदूदर्शिता है व ना समझी है। इसका एक मात्र समाधान है–भाईचारा। इस समस्या को हल करने के लिए हमारा यह सुझाव है कि समाज व परिवार में निवास करने वाले हम सभी इंसान यदि अपने मनमुटाव को भुलाकर आपसी मामूली सी नोंक–झोंक को नज़र अंदाज़ करते हुए एक सॉफ्टअंदाज का निर्वहन करें तथा अपने अंतःकरण

में इस प्रकार के भाव रखें कि अपने गाँव के सभी बच्चे अपने हैं, सभी बुजुर्ग अपने ही बुजुर्ग हैं, सभी महिलाएँ अपनी ही माता–बहनें तथा बेटियाँ हैं। तो फिर देखेंगे कि पिछले पारस्परिक मनमुटाव व मतभेद शनैः शनैः कम होते जायेंगे। परिणाम स्वरूप आपसी प्रेम फिर से देखने को मिलेगा। अपनी खोयी हुई प्रतिष्ठा पुनः वापिस आ जायेगी। ये भी भाईचारे से ही संभव है क्योंकि कहा गया है कि भाईचारा, हमारे ऋषि–मुनियों, तपस्वियों व योगियों के श्री कमल मुख से निसृत वह वेदवाणी व देववाणी है जो केवल परिवार को ही नहीं, समाज को ही नहीं, राष्ट्र को ही नहीं बल्कि संपूर्ण विश्व को बदलने की क्षमता रखती है।

साथ ही साथ यह भी कहा गया है–

भाईचारा, एक ईश्वरीय प्रदत्त, शाश्वत, प्राकृतिक एवं स्वाभाविक प्रक्रिया है जिसमें आत्मीयता, मानवीयता व इंसानियत के साक्षात् दर्शन होते हैं।

कहने का भाव यह है कि मनुष्य का प्राकृतिक रूप से यह स्वभाव होता है कि वह हर दिन हर क्षण परस्पर भाईचारे का हिमायती व समर्थक होता है क्योंकि इसमें उसे आनंद की अनुभूति होती है।

उसे सुख और शांति का एहसास होता है। उसका जीवन धन्य हो जाता है।

सज्जनो! ध्यान देने की बात यह है कि परिवार या किसी मोहल्ले में जब कोई कार्यक्रम होता है तो उस परिवार के सभी सदस्यों की यह हार्दिक इच्छा होती है कि उसके इस कार्यक्रम में सभी मेहमान, रिश्तेदार, व्यवहारी उपस्थित हों तथा उसके दरवाजे की शोभा बढ़ावें। तो फिर सोचिये कि ऐसा क्यों है? उसके मस्तिष्क में इस प्रकार के विचार क्यों और कैसे आये ? तो इसके वावत हमारा तो बस यही विचार है कि इंसान के चित्त पटल पर भाईचारे के जो 'भाव' स्वाभाविक रूप से संचित हैं वे तरंगो के रूप में प्रस्फुटित होने लग जाते हैं। परिणाम यह होता है कि वह अपने मनमुटाव तथा मतभेदों को नज़र अंदाज कर जाता है तथा उसके दिल–दिमाग में इंसानियत और मानवता के सद्विचार प्रवेश कर जाते हैं।

जब गाँव अथवा शहर के किसी मोहल्ले के नौजवान बच्चे भाईचारे की भावनाओं को आत्मसात करते हुए अपने ही पड़ोस के बुजुर्गों के चरण स्पर्श करके उनका अभिवादन करते हैं तो उन बुजुर्गों का हृदय इस प्रकार गद्–गद् हो जाता है कि उनकी

आँखों से खुशी के आँसू तक झलक आते हैं। परिणाम यह होता है कि वे बुजुर्ग उन नौजवान बच्चों पर ढेर सारा प्यार उड़ेलते हुए अपना आशीर्वाद देने में तनिक भी देर नहीं करते। तो सोचिये, यह सब क्या है ? यह सब भाईचारे का ही तो प्रभाव है।

अंत में हम इस निष्कर्ष पर पहुंचते हैं कि भाईचारा , मानव के चिंतन, चरित्र और व्यवहार का एक ऐसा मनोवैज्ञानिक समन्वय है जो मानव हृदय में देवत्व तथा परिवार में स्वर्ग जैसी अनुभूति का स्पष्ट आभास कराता है अर्थात् हम यों भी कह सकते हैं कि परस्पर भाईचारे से रहने में जब हमें पर्याप्त सुख और शांति मिलती है, हमें सम्मान और समृद्धि प्राप्त होती है, जब हमारे अन्दर की समस्त विकृतियाँ शनैः शनैः कम होती दिखलाई पड़ती हैं तो फिर हम पूरे विश्वास के साथ क्यों नहीं कह सकते हैं कि हम सब लोग "भाईचारे" से क्यों न रहें।

****

आज संपूर्ण विश्व को भाईचारे की नितांत आवश्यकता है।

सज्जनो! आज हम यह भली भांति देख रहे हैं कि विश्व का प्रत्येक राष्ट्र प्रगति के उच्च शिखर पर पहुँचने का भरसक प्रयास कर रहा है। राष्ट्र के राष्ट्राध्यक्ष अपनी जनता जनार्दन के लिए सुख सुविधाएँ अधिक से अधिक मुहय्या कराने में जुटे हुए हैं। सभी राष्ट्रों के राष्ट्राध्यक्ष चाहते हैं कि हमारे देश का अधिक से अधिक विकास हो ,हमारे देश का हर नागरिक सुख–सुविधाओं से संपन्न हो। उनकी वार्षिक आय अधिकतम हो। चाहे शिक्षा विभाग हो, चाहे औद्योगिक विभाग हो, चाहे स्वास्थ्य विभाग हो अथवा परिवहन विभाग हो, सभी देशों के प्रमुख सभी क्षेत्रों में भरपूर उन्नति चाहते हैं। जिससे कि किसी भी नागरिक को किसी भी प्रकार की कोई असुविधा न हो। उसका जीवन हँसते–मुस्कुराते हुए व्यतीत हो। उसका तथा उसके बच्चों का भविष्य खुशहाल हो। क्योंकि जब तक किसी देश का विकास नहीं होगा अर्थात् जब तक किसी देश की योजनायें विकासोन्मुख नहीं होंगी तथा रोजगारपरक नहीं होंगी तब तक न तो वहाँ के नागरिकों की गरीबी दूर हो सकती है और न उनके रहन–सहन का स्तर ही

ऊँचा उठ सकता है। परिणाम यह होगा कि देश के समस्त नागरिकों को अपनी सुख–सुविधाओं से वंचित रहना पड़ेगा। उन्हें अपने जीवन की आशाओं से भी हाथ धोना पड़ेगा।इतना ही नहीं वहाँ का युवा वर्ग अपने योग्यता की उच्चस्तरीय उपाधियों को लेकर दर–दर भटकने को मजबूर होगा। यानी पूरा देश बेरोजगारी के मकड़जाल में बुरी तरह जकड़ जायेगा। जिससे वहाँ के नागरिकों का जीवन स्तर गिरना स्वाभाविक है।

कहने का भाव यह है कि किसी राष्ट्र के जनमानस की भलाई के लिए, उनके जीवन में खुशहाली लाने के लिए, उनका जीवन स्तर बढ़ाने के लिए अथवा उनकी औसत वार्षिक आय में आशातीत वृद्धि के लिए किसी देश की चतुर्दिक प्रगति होना अति आवश्यक है। अतः प्रत्येक देश के प्रमुख शासकों की यह जिम्मेदारी बन जाती है कि वे अपने देश के नागरिकों का उनके शारीरिक, मानसिक व सामाजिक स्थितियों का आंकलन करते हुए एवं अपनी बुद्धि व विवेक का सदुपयोग करते हुए उनके कल्याणार्थ शिक्षा, सुरक्षा व स्वास्थ्य की समुचित व्यवस्था करें। शिक्षा व्यवस्था ऐसी हो जो कि उन्हें कृषि, व्यापार व रोजगार के लिए एक ठोस व

विश्वसनीय दिशा निर्देशन तय कर सके। देशकी कृषि व्यवस्था ऐसी हो जो कि उपज बढ़ाने में कारगर हो, कम लागत में अधिक पैदावार हो, मिट्टी की संरचना के आधार पर फसली योजना का निर्धारण हो तथा कृषि उत्पादन को व्यापारिक बनाने में पूर्ण सामर्थ्यवान हो। इसी प्रकार देश की सुरक्षा व्यवस्था ऐसी हो जो कि हर नागरिक को सुरक्षा मुहैय्या करा सके। निर्भय होकर अपना व्यापार कर सके। निर्भय होकर अपना जीवन यापन कर सके।निर्भीक होकर टेम्पो, मैजिक, बसों व रेलगाड़ियों में अपनी यात्रा पूरी कर सके।

सज्जनो! अध्ययन के आधार पर हमें जानकारी प्राप्त होती है कि लगभग सभी देशों की जलवायु, मिट्टी, खनिज, भूसम्पदा आदि संसाधन भिन्न भिन्न हैं तथा सरकारी योजनाओं को अमलीजामा पहनाने की विधियाँ भी भिन्न भिन्न होती हैं। इतना ही नहीं इन संसाधनों से जिन जिन प्रोजेक्टों का निर्माण कर उन्हें विकसित किया जाता है तथा उन्हें राष्ट्र को समर्पित किया जाता है। तो फिर इन प्रोजेक्टों में भी विविधताएँ पाई जाती हैं। इन सभी विविधिताओं के कारण किसी देश में गेहूँ, चावल, दालें गन्ना आदि खाद्य पदार्थों का उत्पादन अन्य देशों की अपेक्षा अधिक होता है।

कुछ देशों में डीजल, पेट्रोल, मोवीऑयल, केरोसिन ऑयल आदि पेट्रोलियम पदार्थ अधिकता में पाए जाते हैं। तो फिर कुछ देशों में सोना, चाँदी, हीरे, जवाहरात तथा कुछ देशों में लोहा ,तांबा, स्टील आदि धातुओं का आधिक्य पाया जाता है। कुछ देशों में मोबाइल का उत्पादन ऊँचे स्तर पर किया जाता है। इस प्रकार भिन्न भिन्न देशों में विविध प्रकार की वस्तुओं का उत्पादन होने के कारण उनकी आर्थिक स्थितियाँ भी असमान होती हैं। यानी विश्व के कुछ देशों की आर्थिक स्थिति बहुत ही उच्च स्तर की होती है, कुछ देशों की आर्थिक स्थिति मध्यम स्तर की होती है तथा कुछ देशों की आर्थिक स्थिति निम्न स्तर की भी हो सकती है।

इधर हम इस बात को भी भली भांति स्वीकारते हैं कि विश्व का कोई भी राष्ट्र अपने में पूर्ण नहीं होता है। उसे अन्य राष्ट्रों पर अवश्य ही निर्भर रहना होता है। उसे दूसरे राष्ट्रों से कोई न कोई वस्तु अवश्य मंगानी होती है। कोई न कोई समझौता अवश्य करना होता है। किसी न किसी प्रकार की सहायता अवश्य लेनी होती है। परन्तु यह सब कुछ तभी हो सकता है जब उन देशों में परस्पर भाईचारा हो। एक दूसरे की समस्याओं को सहानुभूति पूर्वक समझने का

प्रयास हो एवं परमार्थ की भावनाओं से दूसरों के दिलों को जीतने की उत्सुकता हो।

सज्जनो! इधर हम एक तरफ राष्ट्रों के सर्वांगीण विकास पर चिंतन करते हैं तो दूसरी तरफ हमें यह भी देखने व सुनने को मिलता है कि आज लगभग सम्पूर्ण विश्व आतंकवादी गतिविधियों का शिकार होता हुआ नज़र आता है। इन आतंकवादी गतिविधियों ने समूचे विश्व में एक हलचल पैदा कर दी है, एक भयंकर आतंक पैदा कर दिया है , एक अराजकता पैदा कर दी है एवं एक भय का वातावरण उत्पन्न कर दिया है। बॉर्डर सिक्योरिटी फोर्स से लेकर सेना प्रमुखों तक की नींद हराम कर डाली है। आतंकवाद की गतिविधियों की वजह से कहीं न कहीं बेगुनाह लोगों की नित्यप्रति जानें जा रही हैं। यानी यह वसुंधरा समझिये रोजाना रक्तरंजित हो रही है। लोहूलुहान हो रही है। याद रखो, ये आतंकी भी किसी न किसी राष्ट्र के नागरिक ही हैं अर्थात इस प्रकार के देशों के प्रमुखों व शासकों में दूसरे देशों के प्रमुखों व शासकों के प्रति किसी भी प्रकार की न तो कोई इंसानियत है और न कोई भाईचारा है। न कोई सहानुभूति है और न कोई विनम्रता है।

सज्जनो! यह बात रही उन देशों की जहाँ पर आतंकवादियों का उत्पादन किया जाता है। अब हम चर्चा करेंगे उन बातों की जिनकी चर्चा अक्सर समाचार पत्रों व दूरदर्शन में देखने व सुनने को मिलती है। देखने व सुनने को यह मिलता है कि विश्व में अनेक देश ऐसे भी हैं जो अन्य देशों के प्रति भाईचारे का भाव नहीं रखते हैं। उनमें ईर्ष्या–द्वेष की दुर्भावनाएँ कूट–कूट कर भरी हुई हैं। अहंकार उनके सरपर चढ़ कर बोल रहा है। एक दूसरे के प्रति आग उगलते रहते हैं। नफ़रत के भाव सदैव प्रदर्शित करते रहते हैं। उनके अन्दर सद्भावों व सद् विचारों का ह्रास होता हुआ नज़र आता है। यही कारण है कि आज विश्व के लगभग अधिकाँश देशों में वार्षिक बजट का एक बड़ा भाग मिसाइलों व अन्य हथियारों को बनाने व खरीदने में प्रयोग किया जाता है। आये दिन परमाणु बम व हाइड्रोजन बम जैसे विनाशकारी अस्त्रों के परिक्षण होते ही रहते हैं। सीमाओं पर सेनाएँ हर समय तैनात रखी जातीं हैं। सेना में भर्ती करके सैनिकों की संख्या में हर वर्ष इज़ाफ़ा किया जाता है। यानी हर देश अपनी सुरक्षा के लिए मुस्तैद होता हुआ दिखाई पड़ता है।

अब यह प्रश्न उठता है कि आखिरकार ऐसा क्यों है ? कि एक देश के प्रमुख दूसरे देश के प्रमुख से ईर्ष्या करते हैं। एक दूसरे को नीचा दिखाने की कोशिश करते हैं। उन्हें एक दूसरे की प्रगति व खुशहाली क्यों नहीं हजम हो पा रही है। आपस में लड़ने झगड़ने के विचार आखिरकार उनके दिल और दिमाग में क्यों घूमते रहते हैं। अपनी आमदनी का बड़ा भाग अपने देश के विकास और संशाधनों में क्यों नहीं लगाते हैं ? सज्जनो! इन सबका एक ही जवाब है– पारस्परिक भाईचारे की भारी कमी का होना। जब तक इनमें भाईचारे के भाव नहीं होंगे , मिल जुलकर कार्य करने का स्वभाव नहीं होगा , एक दूसरे की समस्याओं से परिचित नहीं होंगे तब तक वे सब अहंकार के काले अँधेरे में बिचरित करते रहेंगे। ईर्ष्या, द्वेष व नफ़रत के भाव उन पर हावी होते रहेंगे। यही कारण है कि आज विश्व में भाईचारे की नितांत आवश्यकता है। सेना में अथवा सुरक्षा में सबसे अधिक धन व्यय करने का स्पष्ट मतलब है कि देश का विकास बाधित होना। बेरोजगारी में वृद्धि का होना। किसी देश का आर्थिक समीकरण गड़बड़ा जाना। परिणाम यह होगा कि सभी विभाग चाहे शिक्षा विभाग हो,चाहे स्वास्थ्य विभाग हो, परिवहन विभाग हो, रेलवे विभाग हो अथवा विद्युत विभाग हो ये सभी विभाग

आर्थिक अभाव के कारण काफी पिछड़ जायेंगे। अर्थात् देश के विकास का पहिया एक दम रुक जायेगा।

इस प्रकार हम कह सकते हैं कि यदि कोई राष्ट्र विकास के पहिये को आगे बढ़ाना चाहता है तथा अपने यहाँ खुशहाली व सम्पन्नता देखना चाहता है तो उसे निर्बाध रूप से अन्य राष्ट्रों के प्रति व्यवहारिक व सामाजिक बनना होगा। यह तभी संभव है जब उसके अन्दर भाईचारे की भावनाओं का प्रादुर्भाव हो। क्यों कि यह हम भली भांति जानते हैं कि कोई भी राष्ट्र अपने में पूर्ण नहीं होता है। उसे अन्य देशों से कोई न कोई वस्तु अवश्य ही मंगानी पड़ जाती है। जहाँ तक मेरा विचार है कोई भी राष्ट्र आत्मनिर्भर नहीं है उसे किसी न किसी मामले में एक दूसरे पर निर्भर रहना पड़ता है। जब सभी राष्ट्र आपस में भाईचारे से रहने का प्रयास करेंगे एवं सामजस्यता व तालमेल से कार्य करना अपना धर्म समझेंगे तो फिर आसानी से निर्धारित समझौतों के आधार पर अपने सामान की आयात–निर्यात द्वारा वस्तुओं की आपूर्ति कर सकेंगे। यह बात सत्य है कि इस कार्य के निमित्त उन्हें अपना अहंकार छोड़ना होगा, अपना जिद्दी स्वभाव बदलना होगा, ईर्ष्यालु प्रवृत्ति का परित्याग करना होगा, अपने अन्दर मौजूद

क्रोध और नफ़रत से भरे अंगारों को शांत करना होगा। झगड़ालु व विध्वंसात्मक विचारों से परहेज करना होगा। मानवतावादी सोच अपनानी होगी। झूठी प्रतिष्ठा का ढोंग छोड़ना होगा। बसुधैव कुटुम्बकम् का नारा बुलंद करना होगा। पारस्परिक प्रेम और भाईचारे की अविरल धारा बहानी होगी।

सज्जनो! जब हम रेडियो, दूरदर्शन, समाचार पत्रों, राष्ट्रीय व अन्तर्राष्ट्रीय स्तर की पत्रिकाओं पर नज़र डालते हैं तो हमें सुनने और देखने को यह मिलता है कि विश्व के अधिकाँश अमीर व शक्तिशाली देश अपने–अपने योग्य वैज्ञानिकों द्वारा नई–नई तकनीकों के आधार पर विध्वंसक मिसाइलों व भयंकर विनाशकारी बमों का उत्पादन व परीक्षण बड़ी तीव्र गति से कराये जा रहे हैं। जिससे विश्व युद्ध की शंकाएँ नित रोज जन्म ले रही हैं। जिससे अंतर्राष्ट्रीय स्तर पर एक भयावय वातावरण बनता जा रहा है। तो फिर हमारा मानना है कि ये कार्य किसी भी देश के हित में नहीं हैं। क्योंकि युद्ध होने की स्थिति में बहुत बड़ी मात्रा में धन–हानि तथा जन–हानि होती है। जिसका प्रभाव किसी एक देश पर ही नहीं बल्कि अधिकाँश देशों की अर्थव्यवस्था पर पड़ना स्वाभाविक है।

सज्जनो! विश्व का कोई भी राष्ट्र इन उपरोक्त विनाशकारी एवं भयंकर परिस्थितियों से तभी बच सकता है जब वह अन्य देशों के प्रमुखों के साथ आत्मीयता का सम्बंध रखे। प्रेम और भाईचारे का व्यवहार रखे। इंसानियत और मानवतावादी दृष्टिकोण का सृजन करे। सहानुभूति, करुणा, दया और विनम्रता जैसे सद्विचारों का अनुसरण करे। यदि विश्व का कोई भी देश इन उपरोक्त आदर्शवादी विचारों व सोच को अपने हृदय में आत्मसात कर ले तो समझिये वह निश्चित ही अपनी विध्वंशक प्रवृत्ति को बदलने में तनिक भी संकोच नहीं करेगा।तो फिर परिणाम यह होगा कि देश में औद्योगिक क्रांति का पहिया घूमने लगेगा। स्थान स्थान पर कल–कारखाने स्थापित होंगे। बेरोजगारी दूर होने के साथ साथ उत्पादन में भी वृद्धि होगी। आवश्यक वस्तुओं के निर्माण कार्य में तीव्रता अधिक होने से उत्पादों को अन्य दूसरे देशों में भी निर्यात करने का मौका मिलेगा। अधिक से अधिक कालेजों ,महाविद्यालयों व विश्वविद्यालयों की स्थापना होने से अधिक से अधिक छात्र–छात्राएँ विद्यार्जन कर सकेंगे। अधिक से अधिक चिकित्सालयों की स्थापना से सम्पूर्ण जनमानस स्वस्थ रहेगा। निरोग रहकर अपना जीवन यापन करेगा। आर्थिक

रिथति मजबूत होने से थल परिवहन, जल परिवहन व वायु परिवहन सभी मजबूत होंगे।

कहने का भाव यह है एक राष्ट्र का अन्य राष्ट्र के प्रति परस्पर सहयोग करना दोनों राष्ट्रों के विकास व प्रगति के लिए वरदान है। परस्पर सहयोग करने की भावना सिर्फ़ पारस्परिक भाईचारे से ही संभव है। इस प्रकार हम पूरी तरह से कह सकते हैं कि आज सम्पूर्ण विश्व को भाईचारे की अत्यंत ही आवश्यकता है।

****

भगवान श्री कृष्ण की महिमा और विभूतियाँ

प्रिय सज्जनो! जब कहीं पर हम सब जनता जनार्दन को किसी श्रीमद् भागवत कथा के आयोजन में अपनी उपस्थिति सुनिश्चित करने का सौभाग्य प्राप्त होता है तथा हम सब उस कथा की व्यास पीठ पर विराजमान परम पूज्य आचार्य श्री के कमल–मुख से निसृत अमृत वाणी के माध्यम से बड़े ही प्रेम पूर्वक एवं शालीनता के साथ उस कथा का श्रवण करते हैं तब उस कथा पाण्डाल में उपस्थित जन समूह को भगवान श्री कृष्ण के बालापन की नाना प्रकार की बाल–लीलाओं के विषय में भिन्न भिन्न प्रकार की जानकारियाँ मिलना प्रारंभ हो जाती हैं। श्रीमद् भागवत कथा में एक प्रसंग आता है। जब मथुरा के राजा कंस अपनी चचेरी बहन देवकी को उनके पति बसुदेव के साथ रथ में बैठाकर उनकी ससुराल ले जा रहा था, उसी समय आकाशवाणी हुई– "अरे कंस! जिस बहन को तू अपने साथ ले जा रहा है उसका आठवां पुत्र तेरा काल बनेगा।" ठीक उसी समय कंस उन दोनों को मथुरा वापस ले आता है तथा इन दोनों को अपने कारावास में डाल देता है। तब कुछ समयांतराल के बाद मथुरा के कारागार में

ही देवकी के गर्भ से उनके आठवें पुत्र के रूप में भगवान श्री कृष्ण का प्राकट्य हुआ था। उस समय भी उनकी महिमा ऐसी थी कि कारागार के मुख्य दरवाजे के ताले स्वयं खुल गए तथा पहरेदार जो जाग रहे थे वो स्वयं गहन निद्रा में सो गये। तदुपरांत वसुदेव जी उन्हें लेकर नन्द बाबा के यहाँ पहुँचे। इस प्रकार जब तक गोपाल जी नन्द बाबा के यहाँ रहे तब तक अपनी छोटी सी उम्र में ही गाय चराने तथा माखन चुराने जैसे कार्य करने लगे थे। इसके बाद छोटी उम्र में ही पूतना वध, गोवर्धन को धारण करके इंद्र के गर्व को चूर करना, यमुना जी को कालिया नाग से मुक्त कराना तथा बाद में कंस को मारने जैसे असंभव कार्य को संभव बना कर उन्होंने ऐसे कार्य किये हैं जो निश्चित ही भगवान श्री कृष्ण की अपार महिमा को दर्शाते हैं।

जहाँ तक श्रीमद्भगवद् गीता में भगवान श्री कृष्ण की महिमा के प्रदर्शन का प्रश्न है तो फिर यह उस समय की बात है जब युद्ध प्रारंभ होने से पहले अर्जुन अपने रथ को दोनों सेनाओं के मध्य खड़ा कराके इन दोनों सेनाओं के योद्धाओं को बराबर निहार रहे थे और मन ही मन सोच रहे थे कि दोनों सेनाओं में अपने ही गुरु, मित्र, सगे सम्बन्धी एवं अपने

ही परिवार के भाई बंधु हैं। इनके साथ युद्ध करने का मतलब है, कौरव और पाण्डवों के वंश का सम्पूर्ण विनाश। इसी भावना को शिरोधार्य करते हुए अर्जुन युद्ध में भाग लेने के लिए अपनी असमर्थता प्रकट कर रहे हैं। उनका स्पष्ट मत है कि भीष्म पितामह व गुरु द्रोणाचार्य जैसे परम पूज्यनीय गुरुजनों का वध करके क्या हम कभी सुखी रह सकते हैं, क्या हमें घोर पाप नहीं लगेगा। हमें ऐसा राज्य सुख नहीं चाहिए। इस प्रकार दुःखी होकर अर्जुन भगवान श्री कृष्ण से युद्ध न लड़ने की अपनी मजबूरी दिखाते हुए अपने धनुष बाण को रथ के एक तरफ रखकर स्वयं रथ के पिछले भाग में बैठ गये तब भगवान श्री कृष्ण अर्जुन को समझा रहे हैं कि ”हे अर्जुन ! जिस प्रकार मनुष्य अपने पुराने वस्त्रों को त्याग कर नए वस्त्र धारण करता है ठीक उसी प्रकार आत्मा पुरानी देह को त्याग कर नई देह धारण करती है। आत्मा को शस्त्र काट नहीं सकते, अग्नि जला नहीं सकती, जल भिगो नहीं सकता। यह अविनाशी, सर्वव्यापी, अचल और सनातन है। यह कल्पना से परे है। इसलिए हे अर्जुन! अपने क्षत्रिय धर्म को निभाते हुए युद्ध करो तथा जनमानस में होने वाली अपकीर्ति से बचो।”

इस प्रकार भगवान श्री कृष्ण के अनमोल विचारों, आदर्शों एवं उपदेशों को श्रवण कर अर्जुन भगवान श्री कृष्ण से कह रहे हैं," हे केशव ! आप धन्य हैं जो कि आपने मेरे भटकाव को विराम दिया। युद्ध में भाग लेने के लिए मुझे शक्ति और साहस दोनों ही प्रदान किये। अपने मित्रों, गुरुओं, सम्बन्धियों व अपने परिवार के बुजुर्गों के प्रति जो मोह था वह अब भंग हो गया है अर्थात दूर हो गया है। साथ ही साथ हमें यह ज्ञान भी मिला है कि आप सर्व व्यापी हैं, पुरातन हैं। किसी ने आपको उत्पन्न नहीं किया बल्कि आपने ही सबको उत्पन्न किया है। आपकी महिमा, मर्यादा व प्रभुता अजब निराली है। देवता और दानव इन दोनों ने तुम्हारे इस स्वरूप को नहीं जाना है।

हे पुरुषोत्तम ! आप कृपा करके मुझे अपनी महिमा की पूर्णतया जानकारी कराएँ जिनके द्वारा आप इन सब लोकों में व्याप्त हो रहे हैं।हे भगवन! आपकी महिमा, माया व विभूतियों का अमृतपान करने के लिए मेरी आत्मा अत्यंत व्याकुल हो रही है। इतना सब कुछ सुनकर भगवान श्री कृष्ण अर्जुन से कह रहे हैं कि हे अर्जुन ! विस्तार तो अनंत है तो भी मैं आपको अपनी मुख्य–मुख्य विभूतियों को सुनाए देता हूँ।

• हे अर्जुन ! समस्त भूतों के अन्तःकरण में निवास करने वाली आत्मा मैं ही हूँ।मैं ही उनका आदि, मध्य और अन्त हूँ।

• हे अर्जुन ! मैं आदित्यों में विष्णु,प्रकाशकों में तेजस्वी सूर्य, मरूदगणों में मारीच, नक्षत्रों में चन्द्रमा, वेदों में सामवेद, देवों में इन्द्र, इन्द्रियों में मन मैं ही हूँ।

• हे कौन्तेय! रुद्रों में शिव,यक्ष और राक्षसों में कुवेर, अष्टवसुओं में अग्नि, पर्वतों में सुमेर, पुरहितों में वृहस्पति, सेनापतियों में स्कन्द, जलाशयों में समुद्र मैं ही हूँ।

• हे पार्थ ! महर्षियों में भ्रगु, अक्षरों में ओंकार,यज्ञों में जप, स्थावरों में हिमालय, वृक्षों में पीपल, देवर्षियों में नारद, गन्धर्वों में चित्र रथ, सिद्धों में कपिल मुनि, गजेद्रों में ऐरावत मैं ही हूँ।

• हे अर्जुन ! मनुष्यों में राजा, शास्त्रों में वज्र,गौओं में कामधेनु, प्रजा की उत्पत्ति करने वालों में कामदेव, सर्पों में वासुक, नागों में शेषनाग,जलचरों में वरुण, शासन करने वालों में यमराज, दैत्यों में प्रहलाद, ग्रास करनेवालों में काल, मृगों में सिंह, पक्षियों में गरुड़,

शुद्ध करने वालों में वायु, शस्त्रधारियों में राम, मछलियों में मगर, नदियों में गंगा मैं ही हूँ।

* हे पार्थ ! सभी प्राणियों में आदि,मध्य और अन्त, विधाओं में आध्यात्म विधा, वाद–विवादों में वाद, अक्षरों में ओंकार, समासों में द्वन्द, चार मुख वाला ब्रह्मा, सब को हरने वाली मृत्यु, भविष्य में होने वाली पदार्थों की उत्पत्ति, स्त्रियों में कीर्ति, लक्ष्मी, वाणी, स्मृति, मेधा,धृति और क्षमा मैं ही हूँ।

* हे अर्जुन ! सामदेव में ब्रह्मत्साम, छंदों में गायत्री, मासों में मार्गशीर्ष, ऋतुओं में वसंत, छलियों में जुआ, तपस्वियों में तेज, सात्विकों में सत्य, यादवों में वासुदेव, पांडवों में अर्जुन, मुनियों में व्यास तथा कवियों में शुक्र मैं ही हूँ।

* हे धनुर्धारी अर्जुन ! दमन करने वालों में दण्ड, जय चाहने वालों में नीति, गुह्य पदार्थों में मौन, ज्ञानियों में ज्ञान, ऐश्वरवान में शोभायमान और यशवान वस्तुओं में मैं ही हूँ। इस प्रकार हम कह सकते हैं कि कर्मयोगी भगवान श्री कृष्ण की महिमा अपार है। श्रीमद्भगवद् गीता में भगवान श्री कृष्ण ने कुंती पुत्र अर्जुन को अपनी सम्पूर्ण महिमा को विस्तार पूर्वक प्रदर्शित किया है।   *****

भगवान श्री कृष्ण का विराट रूप

प्रिय सज्जनो! पिछले अध्याय में हमने यह बात बताने का प्रयास किया है कि अर्जुन द्वारा भाव भरा विनम्र निवेदन करने पर भगवान श्री कृष्ण ने श्रीमद्भगवद् गीता में किस प्रकार भिन्न–भिन्न प्रकार के जीवों में, भिन्न–भिन्न प्रकार के पदार्थों में, भिन्न–भिन्न प्रकार के विषयों में, भिन्न–भिन्न प्रकार के रसों में अपनी उपस्थिति की जानकारी दी है।इन जानकारियों को संज्ञान में लेते हुए अर्जुन भगवान श्री कृष्ण से कह रहे हैं,हे मधुसूदन ! आपने जो मुझे आध्यात्म ज्ञान से पूर्ण वचन कहे उनसे मेरा अपने परिवारीयजनों से, अपने गुरु जनों से, अपने रिश्तेदारों से एवं अपने मित्रों से मोह भंग हो गया है। हे भगवन ! मैंने आपके कमल मुख से जीवों की उत्पत्ति और नाश का कारण तथा आपका अक्षय महात्मय को विस्तार पूर्वक सुना। हे मधुसूदन ! इन सब के बावजूद आपका स्वरूप देखने की मेरी भारी इच्छा मेरे मन में बार–बार उठ रही है। हे भगवन ! आप यदि मुझे उस स्वरूप को देखने योग्य समझें तो आप अपना वास्तविक स्वरूप अवश्य दिखाने की कृपा करें।" श्री कृष्ण भगवान ने अर्जुन से कहा " हे अर्जुन ! यदि तुम्हारी विशेष आकांक्षा है कि तुम मेरे दिव्य

स्वरूप को देखो तो फिर हे अर्जुन ! मैं तुम्हें अपने शरीर में भिन्न भिन्न प्रकार के ऐसे सैकड़ों व हजारों दिव्य और अदभुत रूपों को दिखाऊंगा जो तुमने कभी नहीं देखे हों। परन्तु हे पार्थ ! तुम मेरे इन आश्चर्यजनक रूपों को अपनी सामान्य दृष्टि से कदापि नहीं देख सकते। इसलिए मैं तुम्हें इन रूपों को देखने के लिए दिव्य दृष्टि प्रदान करता हूँ। इस प्रकार भगवान श्री कृष्ण ने अर्जुन को दिव्य दृष्टि देकर अपना अलौकिक विराट स्वरूप दिखाना प्रारंभ किया। भगवान श्री कृष्ण के इस अलौकिक विराट स्वरूप को देखकर धनुर्धारी अर्जुन बता रहे हैं –

• इस विश्व रूप में अनेकानेक मुख और नेत्र हैं। शरीर पर अनेकानेक सुन्दर आभूषण हैं। साथ ही साथ इस देह पर नाना प्रकार के आयुध तथा दिव्य अस्त्र हैं। शरीर पर गंध लगे हैं। चारों ओर मुख ही मुख दिखायी दे रहे हैं।

• एक महात्मा का स्वरूप दिखाई दिया जिसके मुख मंडल का तेज हजारों सूर्यों की प्रभा के समान है।यह देखकर मैं आश्चर्य से रोमांचित हो उठा।

• हे देवकी नंदन ! तुम्हारी देह में मैं भिन्न–भिन्न प्राणियों के समुदाय, कमल पुष्प पर विराजमान ब्रह्मा

जी, सम्पूर्ण ऋषि तथा दिव्य सर्पों को मैं बड़े गौर से देख रहा हूँ। तुम्हारी अनेक भुजाएं हैं, अनेकानेक उदर हैं, अनेक मुख हैं, अनेक नेत्र हैं। तुम्हारा रूप अनंत है।

• हे वसुदेव पुत्र ! मैं आपके मुख में कान्तिमान अग्नि के समान नेत्रों को देख रहा हूँ। पृथ्वी और आकाश के मध्य का वह अनंत और सम्पूर्ण दिशाएं आपसे ही व्याप्त हो रही हैं। आपका यह अदभुत् और उग्र रूप देखकर तीनों लोक व्यथित हो रहे हैं।

• हे भगवन ! मैं आपके मुख में देख रहा हूँ कि कितने देवताओं के समूह आपकी शरण में आ रहे हैं। उनमें कितने ही भयभीत हो कर हाथ जोड़ कर आपकी प्रार्थना कर रहे हैं। महर्षियों एवं सिद्ध पुरुषों का समूह स्वास्ति कहकर आपकी प्रशंसा कर रहा है। कितने ही रुद्र, आदित्य, पितर, गन्धर्व, यक्ष असुर विस्मित होकर आपकी ओर टकटकी लगाकर देख रहे हैं।

• हे महाबाहो! आपके अनेक नेत्र, अनेक भुजाएं, अनेक जाँघ, अनेक पेट युक्त विशाल रूप देखकर सारा विश्व भयभीत हो रहा है तथा मैं भी अत्यंत

घबरा रहा हूँ। मुझ से धैर्य धरा नहीं जाता और चित्त स्थिर नहीं होता।

• हे देवेश ! इन भयंकर दाढ़ों वाले और कालाग्नि के समान आपके मुखों को देखकर मेरे मन में अशान्ति हो रही है। इतना ही नहीं धृतराष्ट्र के पुत्र दुर्योधन सहित अनेक राजा, भीष्म पितामह, गुरु द्रोणाचार्य व कर्ण तथा हमारी ओर से मुख्य मुख्य योद्धा आपकी दाढ़ों से युक्त आपके मुख में शीघ्रता से प्रवेश कर रहे हैं तथा न जाने कितने लोग आपके विशाल दांतों में दबकर ऐसे दिखाई दे रहे हैं मानो उनका शरीर चूर्ण हो गया है।

• हे भगवन ! जिस प्रकार अनेक नदियों की जलधाराएँ समुद्र की ओर बहती हैं। ठीक उसी प्रकार आपके प्रज्ज्वलित मुख में कीट पतंगों की तरह सब लोग बड़ी तेजी से प्रवेश कर रहे हैं। बड़े–बड़े नामी वीर योद्धा आपके साँसों के साथ निगलते जा रहे हैं। आप इस प्रकार का भयानक विश्वरूप धारण कर समस्त विश्व को भर रहे हो।

इस प्रकार अर्जुन भगवान श्री कृष्ण से कह रहे हैं कि ” हे प्रभु ! मैंने आपके इस भयभीत करने बाले दिव्य स्वरूप को अत्यंत गौर से देखा। आपके इस

भयंकर स्वरूप को देखकर मेरी आत्मा बहुत ही घबरा रही है। ऐसी स्थिति में मुझे न तो अपने शरीर का ही बोध रहा है और न मुझे दिशाओं का ही बोध रहा। हे प्रभु ! आपसे आग्रह है कि आप यह लीला बंद करें तथा आप पूर्व की स्थिति में आ जायें। मैंने आपका विराट रूप देख लिया। हे देवों के देव ! अब आप अपनी प्रसन्न चित्त मुद्रा में आजायें जिस से कि मेरा भ्रम दूर हो। मैं आपका आदि व अंत देखना चाहता था, वह नहीं देख सका, क्योंकि आपका न तो आदि है और न अन्त है। इस प्रकार 'श्रीमद्भगवद् गीता' में भगवान श्री कृष्ण के सैकड़ों हजारों दिव्य, अदभुत् व अलौकिक स्वरूपों को विस्तृत रूप में दर्शाया है।

****

क्रोध से क्या आशय है ?

घर, परिवार व समाज में रहते हुए हम यह देखते हैं कि जब मनुष्य की इच्छानुसार कोई सा कार्य नहीं किया जाता है अथवा उसके मन मुताबिक कोई कार्य नहीं हो पाता है तो फिर ऐसी स्थिति में उसके चेहरे पर एक प्रकार की उदासी सी छा जाती है। आँखें लाल हो जाती हैं। वाणी में कठोरता आ जाती है। शरीर में कुछ अकड़पन आ जाता है। तो फिर इस अकड़पन को ही हम अपनी भाषा में क्रोध अथवा गुस्सा कह सकते हैं। वैसे तो सामान्य रूप से समाज का लगभग हर नागरिक चाहे वह किसी जाति अथवा सम्प्रदाय से क्यों न हो, गरीब–अमीर क्यों न हो, बुजुर्ग, नौजवान व बच्चे क्यों न हों, क्रोध का रोग तो उनके रोम–रोम में समाया हुआ होता है।

सज्जनो ! वर्तमान युग वैज्ञानिक युग है, कंप्यूटर का युग है, इन्टरनेट का युग है,मोबाइल का युग है तथा आर्थिक सम्पन्नता का युग है। लेकिन वर्तमान में स्थिति को देखते हुए हम यह कह सकते हैं कि वर्तमान युग क्रोधाग्नि का युग भी है। क्रोध, अहंकार से भी बढ़कर दुःख दायी होता है। क्रोध का विस्तार असीमित होता है। क्रोधाग्नि ने घर–परिवार से लेकर गाँवों, शहरों, महानगरों, राज्यों व

देश–दुनियाँ में वास करने वाले समस्त प्राणियों में अपना स्थायी निवास बना रखा है। जब हम अपने तथा अन्य परिवार में निगाह डालते हैं तो देखने को मिलता है कि छोटे–छोटे बच्चे किस कदर अपने परिवारीय जनों पर गुस्सा हो जाते हैं। यहाँ तक कि भाई–भाई, भाई–बहन, पति–पत्नी तथा बाप–बेटे कभी न कभी आपस में गुस्सा होते देखे गए हैं।

इसका मुख्य कारण है कि हर इंसान अपनी ही इच्छानुसार व मनपसंद का कार्य करना अथवा करवाना चाहता है। इसी प्रकार मोहल्ला पड़ोस में भी कभी रास्ते की सफाई को लेकर,तो कभी नालियों की सफाई को लेकर अथवा कभी बच्चों–बच्चों में झगड़ने को लेकर घर–परिवार के लोग अक्सर गुस्सा होते ही रहते हैं। जब टी.वी. चैनलों पर राजनैतिक अथवा सामाजिक विषयों पर चर्चा अथवा बहस होती है तथा उसमें सामाजिक कार्यकर्ता तथा राजनेताओं को आमंत्रित किया जाता है। तो फिर बहस के दौरान किस कदर लोग एक दूसरे पर अपनी गुस्सां का इज़हार करते हैं जिसकी कल्पना तक नहीं की जा सकती है।

कहने का मतलब यह है कि सम्पूर्ण समाज में व्याप्त अशांति और असंतोष के मूल कारणों में से

क्रोध भी एक कारण है। यदि हम चाहते हैं कि घर–परिवार व समाज में शांति व संतोष स्थापित हो तो हमें क्रोध जैसी बुराई को हर हालत में त्यागना होगा। लेकिन हम यह भी जानते हैं कि हम अपने अन्दर के क्रोध को तभी छोड़ पाएंगे जब हम क्रोध को गहराई से समझने का प्रयास करेंगे। क्रोध की तह में पहुँचने का प्रयास करेंगे। क्रोध पर चिंतन करेंगे। आत्म–विश्लेषण करेंगे।

उपरोक्त विचारों को संज्ञान में लेते हुए हम 'क्रोध को' अपनी सरल व सुगम भाषा में निम्न प्रकार से परिभाषित कर रहे हैं–

- क्रोध, इंसान की वह विकृति है जिसके कारण उसका स्वभाव चिढ़िचिढ़ा सा होने लगता है।
- क्रोध, इंसान की वह अवधारणा है जिससे कि उसका चित्त अशांत रहता है।
- क्रोध, इंसान का वह मानसिक विकार है जो उसके विचारों को उद्वेलित कर उसके मन में एक प्रकार की छटपटाहट पैदा करता रहता है।
- क्रोध, इंसान की वह दूषित मनोवृत्ति है जिसकी वजह से वह पारिवारिक व सामाजिक परिस्थितियों से सामजस्य नहीं कर पाता है।

- क्रोध, अपनी शक्ति प्रदर्शन करने का एक ऐसा बेतुका तरीका है जो समाज और परिवार के वातावरण को तनाव पूर्ण बना देता है।

- क्रोध, इंसान की एक आवेशपूर्ण उत्तेजना है जिसके कारण वह अपना मानसिक संतुलन खो बैठता है।

- क्रोध, मनुष्य की वह विकराल मनःस्थिति होती है जो उसके मन को सदैव विचलित करती रहती है।

- क्रोध, मानव की वह अव्यवस्थित विचार धारा है जिसमें उसका स्वार्थ निहित होता है।

- क्रोध, दूषित भावुकता से भरा हुआ इंसान का वह कदम है जो उसके मस्तिष्क को झकझोर कर रख देता है।

- क्रोध, इंसान के मन में उठा हुआ वह उफ़ान है जो समाज के सौम्य वातावरण को अशांत कर देता है।

- क्रोध, इंसान की वह अति–संवेदनशील पृष्ठभूमि होती है जिसमें उसकी शारीरिक व मानसिक ऊर्जा का क्षरण होता है।

- क्रोध, इंसान की वह अनावश्यक परिकल्पना है जो परिवार तथा समाज के लिए सहज घातक होती है।

- क्रोध, इंसान की वह अहंकारपूर्ण भावना है जिसमें सार हीन व अनर्गल शब्दावली का प्रयोग किया जाता है।

- क्रोध, इंसान की घृणित व निराशाजनक सोच है जिसमें करुणा,दया व सहानुभूति जैसे सद्गुणों का नामो निशान तक नहीं होता है।

- क्रोध, मनुष्य में अहम् भावों से भरा हुआ एक ऐसा प्रदर्शन है जिसके कारण उसे कभी–कभी भारी क्षति उठानी पड़ जाती है।

- क्रोध, इंसानकी वह नकारात्मक सोच है जिसमें न तो विनम्रता होती है और न ही सज्जनता होती है।

- क्रोध, मनुष्य का वह अमर्यादित स्वरूप है जो उसकी पुरुषार्थहीनता को दर्शाता है।

- क्रोध, इंसान की वह आक्रामक मनः स्थिति होती है जो परिवार तथा समाज में झगड़े–फ़साद को जन्म देती है।

- क्रोध, मनुष्य के सोचने समझने का एक ऐसा सोपान है जिसका स्वरूप अनैतिक व अशोभनीय होता है।

****

मानव जीवन में क्रोध का प्रभाव

पिछले अध्याय में हमने यह बताने की कोशिश की है कि क्रोध का मतलब क्या है। इसकी उत्पत्ति कहाँ से होती है। अब हम इस अध्याय में यह बताने का प्रयास कर रहे हैं कि क्रोध के कारण हमारा दैनिक जीवन एवँ भविष्य दोनों ही किस प्रकार प्रभावित होते हैं। इस प्रसंग के लिए हम पिछले अध्याय की कुछ परिभाषाओं को पुनः स्मरण कराना चाहते हैं जो निम्नलिखित हैं–

- क्रोध, इंसान का वह मानसिक विकार है जो उसके विचारों को उद्वेलित कर उसके चित्त में स्पंदन पैदा करता रहता है।

- क्रोध, इंसान की एक आवेश पूर्ण उत्तेजना है जिसके कारण वह अपना विवेक खो बैठता है।

- क्रोध, दूषित भावुकता से भरा हुआ इंसान का वह कदम है जो उसके मस्तिष्क को झकझोर कर रख देता है।

- क्रोध, मनुष्य के संकीर्ण व निकृष्टतम् भावों का एक ऐसा समन्वय है जिसके कारण उसे यदा–कदा भारी कीमत चुकानी पड़ जाती है।

उपरोक्त विचारों व भावनाओं को संज्ञान में लेते हुए हम थोड़ा बहुत इतना तो समझ ही सकते हैं कि बात–बात में गुस्सा होना हमारे रोजमर्रा के जीवन में कितना घातक और हानिप्रद है। गुस्सा के कारण इंसान का मानसिक संतुलन लड़–खड़ा जाता है। यहाँ तक कि कभी कभी उसका विवेक शून्य भी हो जाता है। जिससे कि उसका रोजमर्रा का जीवन बुरी तरह प्रभावित होने लगता है।

सज्जनो! चाहे पारिवारिक जीवन हो, चाहे सामाजिक जीवन हो, चाहे साधु–सन्यासियों का जीवन हो अथवा चाहे राजनैतिक जीवन हो इंसान के सम्मुख कभी न कभी ऐसी परिस्थिति आ ही जाती है जब उसे किसी न किसी व्यक्ति के प्रति गुस्सा अवश्य प्रदर्शित करनी पड़ती है। उसका चेहरा लाल पड़ जाता है। उसके नेत्रों में क्रोधाग्नि धधकने लगती है। उसके हृदय की धड़कन भी बढ़ती नज़र आती है। उसका विवेक भी गड़बड़ाने लगता है। ऐसी स्थिति में इंसान कुछ भी कर सकता है। यहाँ तक कि उसे अपनी जान की भी परवाह नहीं रहती है। वह परिस्थिति से हार मान जाता है यानी परिस्थिति के साथ वह सामजस्य करने में विफल हो जाता है। परिणाम यह होता है कि वह आत्महत्या करने की

सोच लेता है तथा मौका मिलने पर वह आत्महत्या कर भी लेता है।

आजकल हम देखते हैं कि स्कूल व कालिज के योग्य व परिश्रमी छात्र व छात्राएँ जब परीक्षा में उनके अंक मन मुताविक नहीं आते हैं अथवा वे अपनी परीक्षा में असफल हो जाते हैं तो ऐसी स्थिति में वे अपना क्रोध सहन नहीं कर पाते हैं तथा उनमें से कोई अपना खाना तक छोड़ देता है तथा तो कोई बिना कहे घर से निकल जाता है। इधर परिवारों में हम जब देखते हैं कि वहाँ पर भी कुछ ऐसे हालात बन जाते हैं कि आपस में किसी न किसी बात पर तू-तू,मैं-मैं हो ही जाती है। जब इस प्रकार की कहा सुनी कुछ दिनों तक चल आती है,तब आपस में प्रतिष्ठा का प्रश्न बनकर उभरने लग जाता है। चाहे मामला पति-पत्नी का हो,चाहे भाई-भाई का हो,चाहे मामला बाप-बेटे का हो अथवा किसी अपने रिश्तेदार के मध्य का हो अधिकांशतः परिवार के नौजवान बच्चों तथा बहुओं के ही खुदखुशी करने के मामले सामने आते हैं।

कभी-कभी परिवार में थोड़ी बहुत कहा सुनी हो जाने पर कुछ नहीं तो लोग घर का सामान ही उठा कर इधर उधर फेंकने लगते हैं तथा उसे तोड़ने

लग जाते हैं। इतना ही नहीं वे गाली–गलौज भी करने लग जाते हैं। यहाँ तक कि कुछ लोग अपनी पत्नी तथा बच्चों को ही पीटने लग जाते हैं। इस प्रकार क्रोध का प्रभाव इंसान के दैनिक जीवन पर लगभग हर रोज दिखाई पड़ता है। इसलिए कहा है कि–

क्रोध, मनुष्य के मन में उठा हुआ वह उफान है जो घर–परिवार के हँसते–मुस्कुराते माहौल को बदरंग बना देता है।

कहने का तात्पर्य यह है कि जब किसी इंसान को गुस्सा आता है तो निश्चित रूप से उसका मानसिक संतुलन गड़बड़ा जाता है। उसकी प्रवृत्ति झगड़ालू किस्म की हो जाती है। उसके मूल स्वभाव में चिढ़िचिढ़ापन नज़र आने लग जाता है। उसका मन इधर उधर भटकता फिरता है। उसके ऊपर आसुरी शक्तियों का नियंत्रण हो जाता है। उसे किसी की भी बात अच्छी नहीं लगती है। क्रोध इंसान को उद्वेलित करता है। उसकी वाणी में कड़वापन व रूखापन दिखाई देने लगता है। दूसरों पर झल्लाना उसका स्वभाव बन जाता है। उसकी सोच व उसका चिंतन स्वार्थ से भर जाता है। क्रोध के कारण उसके चेहरे की मुस्कराहट जाती रहती है। उसका हंसमुख

चेहरा मुरझाया सा प्रतीत होता रहता है। हालाँकि क्रोध इंसान का मूल स्वभाव नहीं होता है। उसकी मूल प्रवृत्तियाँ हंसमुख और शांति भाव की ही होती हैं।

वर्तमान युग विज्ञान का युग है। आर्थिक युग है। विकास का युग है। अर्थात जैसे–जैसे हम विकास की ओर आगे बढ़ते जाते हैं,हमारी आवश्यकताएँ व इच्छाएँ भी उसी हिसाब से बढ़ती जाती हैं। इन आवश्यकताओं को पूरा करने के लिए हम अपनी सम्पूर्ण ऊर्जा दांव पर लगा देते हैं। परन्तु जब ये मन चाही आवश्यकताएँ पूरी नहीं होती हैं तब हमारे अन्दर निराशा भरी किरणें प्रवेश कर जाती हैं। परिणाम स्वरूप हमारी बुद्धि अनिश्चितता के झमेले में फंस कर रह जाती है। बाद में हम क्रोध की गिऱफ्त में आ जाते हैं। इस प्रकार हमारे अन्दर क्रोध का प्रादुर्भाव हो जाता है। क्रोध हमारे जीवन को बुरी तरह प्रभावित करता है। क्रोधी इंसान न तो अपने बुजुर्गों का सम्मान कर पाता है और न अपने पड़ोसी बुजुर्गों का ही सम्मान कर पाता है। लोगों पर झल्लाना उसकी आदत बन जाती है। तभी तो कहा है–

सज्जनो ! उपरोक्त विचार मंथन से हम इस निष्कर्ष पर पहुँचते हैं कि क्रोध हमारे हँसते–मुस्कराते जीवन को दुःखदायी बना देता है। क्रोध हमें अपने मित्रों, रिश्तेदारों, पड़ोसियों व शुभचिंतकों से भी प्रथक कर देता है। यदि हम व्यापारी हैं तो हमें ग्राहकों के साथ क्रोध से परहेज़ करने में ही हमारी भलाई है। यदि हम किसी विभाग के कर्मचारी हैं तथा अपने अधिकारी के साथ किसी बात को लेकर अपना क्रोध ज़ाहिर करते हैं तो समझिये कि हमारा उनके साथ कार्य करना कितना मुस्किल भरा होगा। क्रोध के कारण कभी कभी आपस में झगड़ा इतना बढ़ जाता है कि थाने में एफ.आई.आर. की नौवत तक आ जाती है। पुलिस की लाठी से भी रूबरू होना पड़ जाता है। अदालतों की भी शरण लेनी पड़ जाती है। धन की बर्बादी के साथ साथ अपने अमूल्य समय से भी हाथ धोना पड़ जाता है। इतना ही नहीं अपने परिवार की प्रतिष्ठा भी दांव पर लग जाती है।

इस प्रकार अंत में हम यह कह सकते हैं कि क्रोध हमारे शरीर, मन व बुद्धि को बुरी तरह से प्रभावित करता है। हमारे जीवन यात्रा के प्रथम चरण यानी

विद्यार्थी जीवन, द्वितीय चरण यानी गृहस्थ जीवन, तृतीय चरण यानी वानप्रस्थ जीवन एवं चतुर्थ चरण यानी सन्यासी जीवन इन चारों चरणों को ही बुरी तरह से प्रभावित करता है। मानव जीवन पर यह प्रभाव शारीरिक ,मानसिक, पारिवारिक, सामाजिक, राजनैतिक व आर्थिक दृष्टि से किसी भी प्रकार का हो सकता है।

****

हम क्रोध को कैसे कम करें

हम जानते हैं कि इस विशालतम् ब्रह्माण्ड में हजारों,लाखों जीव जंतु अपनी जातियों,उप–जातियों एवं प्रजातियों के साथ पीढ़ी दर पीढ़ी जन्म लेते रहते हैं,विचरण करते रहते हैं तथा अंत में अपनी जीवन यात्रा पूर्ण कर मृत्यु को प्राप्त होते रहते हैं। बस यही क्रम सदियों से चलता आ रहा है तथा आगे भी चलता रहेगा। इन समस्त प्राणियों में कुछ थलचर होते हैं,कुछ नभचर होते हैं तथा कुछ जलचर होते हैं। थल यानी पृथ्वी पर निवास करने वाले समस्त प्राणियों में सृष्टि सृजन कर्ता ने पृथ्वी,जल,अग्नि, आकाश व वायु की सहायता से एक विवेकशील, चिंतनशील व विचारशील प्राणी के आकृति की रचना की है। जिसका नाम है–मानव शरीर। यह मानव शरीर परम–पिता परमेश्वर द्वारा प्रदान किया हुआ एक अनमोल उपहार है। यह जन्म जन्मान्तरों की एक अत्यंत ही सौभाग्यशाली सौगात है। यह मात्र हड्डी मांस का लोथड़ा ही नहीं है बल्कि पांच ज्ञानेन्द्रियों और पांच कर्मेन्द्रियों का इसमें निवास है। इन्हें संचालित करने के लिए उसने मस्तिष्क में मन,बुद्धि और चित्त का निर्माण किया है। हृदय में स्थित अन्तःकरण में आत्मा का वास है। आत्मा में प्रकाश

की एक झलक दिखाई देती है। आत्मा सत्यम्, शिवम् व सुन्दरम् का प्रतीक होती है।

सज्जनो! क्या हम कल्पना कर सकते हैं कि सृष्टि सृजन कर्ता ने ऐसी सुन्दर व पवित्र काया हमें क्यों प्रदान की है ? क्या उसके द्वारा निर्धारित इन्द्रियाँ,हृदय,मस्तिष्क आदि हमारे किसी काम के नहीं हैं? क्या उसके द्वारा दिया हुआ यह शरीर संसार के लिये अभिशाप है। क्या उसने ऐसा गोरा चट्टा व सांवला सुन्दर मन–मोहक शरीर इसलिए दिया है कि हम क्रोध में आकर उसे क्षत्विक्षित कर इसकी बेकदरी करायें। तो फिर यह इसको बनाने वाले का सरे आम अपमान कहें तो कोई अतिशयोक्ति नहीं होगी। सृष्टि सृजन कर्ता ने हमारे साथ क्या गुनाह किया है कि हम फूलों जैसे सुकोमल कलेवर को देखते ही देखते जीवित ही इसे आग के हवाले कर देते हैं। पंखे से लटक कर फांसी के फंदे पर झूल जाते हैं। कभी ट्रेन के आगे तथा कभी बस के आगे लेट जाते हैं। कभी नहर व नदी में कूदकर अपनी जान गंवाने में नहीं चूँकते। इतना ही नहीं कभी ऊंचे फ्लैट से कूदने में तथा घर में सुसाइड करने में हम कितनी शान समझते हैं। इसकी कोई कल्पना कर सकता है क्या?

सज्जनो! यह सब क्या है? यह सब क्रोध का ही तो परिणाम है। अतः हम सब को क्रोध पर नियंत्रण करना परम् आवश्यक है। इस भयंकर बुराई से मुक्ति पाना बहुत जरुरी है। वैसे क्रोध पर काबू पाना कोई कठिन कार्य नहीं है ऐसी हमारी सोच है। बस आवश्यकता है,मन को पक्का करने की, इरादों में दृढ़ता की तथा सकारात्मक सोच की। तभी तो कहा है–

कोई काम नहीं है मुस्किल,

जब किया इरादा पक्का।

हमें याद रखना होगा कि हमारे सम्मुख ऐसी कोई समस्या नहीं है जिसका कोई समाधान न हो। हमें अपने संकल्प और साहस के साथ इसका समाधान खोजना होगा। हम अपने अनुभवों के आधार पर क्रोध को काफी हद तक कम करने के लिए अपने सुझाव निम्न प्रकार से बिन्दुवार प्रस्तुत कर रहे हैं–

• रात बीत जाने के बाद प्रातःवेला का आगमन होता है तब सारा परिवार व समाज शांत मुद्रा में रहता है। यानी सारा संसार ही भगवान् की शरण में आनंद ले रहा होता है। इसलिए हम सब की कोशिश

यह होनी चाहिए कि प्रातःकालीन अवसर को हाथ से न निकलने दें।

• इसलिए हमारा सुझाव है कि हम प्रातःकालीन वेला में जागरण के तुरंत बाद अपने परम पूज्य गुरूदेव तथा अपने इष्टदेव को हाथ जोड़कर नमन करें,उनका स्मरण करें,उनसे प्रेम करें उनके दिव्य दर्शन करें,आराधना करें,उनसे संवाद करें तथा प्रार्थना करें कि हे भगवन! आप मुझ पर ऐसी कृपा करें,आशीर्वाद दें,साहस व शक्ति दें कि हम अपने क्रोध पर नियंत्रण कर सकें। यह कार्य सिर्फ़ पन्द्रह–बीस मिनट का ही है। बाद में अपनी मातृभूमि को नमन कर अपना बिस्तर छोड़ दें तथा अपने माता–पिता के चरण स्पर्श करके उनसे आशीर्वाद लेकर अपने नियमित दिनचर्या में लग जायें।

• यदि रात्रि में भी हो सके तो कम से कम अपने गुरूजी और अपने आराध्य से कुछ न कुछ अर्ज कर के ही सोवें। तो एक दिन ऐसा अवश्य आएगा कि हम पर इनकी कृपा अवश्य ही बरसेगी।

• अपने पारिवारिक जीवन में हम क्रोध से अलग रह सकते हैं यदि हम अपनी घरेलू समस्याओं को

अपने परिजनों को अपने पास बिठाकर विनम्र भावों के साथ हल करने का प्रयास करें।

• हम अपने परिवारीयजनों की व्यक्तिगत आवश्यकताओं व समस्याओं को सुनने व समझने का प्रयास करें तथा समय रहते उनका समाधान भी करें तब फिर ऐसी स्थिति में क्रोध अवश्य कम हो जायेगा।

• यदि हम समझदारी व जिम्मेदारी से अपने कर्तव्य का पालन करते हैं तथा सहनशील बनकर सबको सम्मान देते हैं तो फिर गुस्सा आएगा ही नहीं।

• अपनी रसोई में जो कुछ बना है उसे भगवान का प्रसाद समझ कर ग्रहण करें तो गुस्सा होने का नंबर ही नहीं आएगा।

• यदि हम अपने परिवार की आर्थिक स्थिति का आंकलन करके चलते हैं,तदनुसार यदि हम अपने परिवार का बजट बनाकर चलते हैं तो हमें आर्थिक तंगी का कभी सामना नहीं करना पड़ेगा। फिर क्रोध किस बात का।

• हम अपने परिवार में तथा समाज में सभी पुरुषों व महिलाओं के साथ शिष्टाचार व सज्जनता का

व्यवहार करें तो फिर हमारा अनुभव है कि हमें क्रोध नहीं आना चाहिए।

इस प्रकार हम कह सकते हैं कि क्रोधाग्नि को शांत व पैदा न होने देने की स्थिति के लिए उपर्लिखित बातें ही पर्याप्त हैं।

****

शमशान में बैठकर इंसान क्या सोचता है ?

पूज्य तुलसी दास जी अपनी 'मानस' में लिखते हैं –

क्षिति, जल, पावक, गगन,समीरा।

पंच रचित अति अधम सरीरा।।

अर्थात् सृष्टि सृजन कर्ता परमपिता परमात्मा ने यह मानव शरीर पांच तत्वों यानी पृथ्वी, जल, अग्नि, आकाश व वायु से निर्मित किया है। उसने हमें देखने के लिए आँखें श्रवण करने के लिए कान, सूंघने के लिए नांक, चखने के लिए जीभ तथा स्पर्श के लिए त्वचा प्रदान की है। इतना ही नहीं उसने हमें कर्म करने के लिए हाथ, चलने के लिए पैर, खाने के लिए मुख, प्रसाधन के लिए गुदा व सृष्टि–सृजन के लिए जननेन्द्रिय प्रदान किये हैं। इसके अतिरिक्त उसने हमें सोचने–समझने व चिंतन के लिए मस्तिष्क दिया है। इतना ही नहीं उसने मस्तिष्क में बुद्धि व चित्त का वास भी निश्चित किया है। साथ ही साथ उसने हमें श्वास–प्रश्वास संस्थान, हृदय संस्थान, नाड़ी संस्थान, उत्सर्जन संस्थान, पाचन संस्थान आदि भी दिए हैं जो अपने निर्धारित कार्यों को स्वतः ही संचालित करते रहते हैं। मानव अंतःकरण में आत्मा

का वास होता है। गीता के अनुसार आत्मा अजर, अमर व अविनाशी है। यह सत्य है, शाश्वत है व आनन्द स्वरूप है।

जब मनुष्य के शरीर में कोई असाध्य रोग हो जाता है अथवा वह किसी भयंकर दुर्घटना का शिकार हो जाता है अथवा परमात्मा के यहाँ से उसका समय निकट आ जाता है तो समझिये यह आत्मा शरीर से बाहर आने के लिए बेताब हो जाती है। जब आत्मा शरीर का परित्याग कर देती है तब ऐसी स्थिति में ज्ञानेन्द्रियाँ, कर्मेन्द्रियाँ व सभी संस्थान अपना कार्य करना बंद कर देते हैं। तब यह शरीर निर्जीव अवस्था में आ जाता है तथा इसको हम मृतक शरीर के नाम से पुकारते हैं।इसे शव अथवा मुर्दा भी कहते हैं। लोग इस मुर्दे को बाँस से निर्मित 'ठठरी' जिसे शवासन भी कह सकते हैं।उसे भलीभांति रस्सी की सहायता से कसकर तथा बाद में उसे उठाकर एक यात्रा निकालते हैं जिसे शव यात्रा कहते हैं। यह शव यात्रा जिस स्थान पर ठहर जाती है अथवा जहाँ इंसान का अंतिम संस्कार किया जाता है उस स्थान को हम "श्मशान" के नाम से पुकारते हैं।इस स्थान पर भिन्न भिन्न जातियों, धर्मों व सम्प्रदायों के लोग अपनी अपनी रीति रिवाजों के अनुसार उस मृतक का अंतिम

संस्कार करते हैं। जब तक अंतिम संस्कार के लिए क्रिया–कर्म की तैय्यारी पूरी होती है तब तक शव यात्रा में सम्मिलित होने वाले सभी लोग अपने अपने स्थान पर शांति पूर्वक बैठे रहते हैं तथा वहाँ बैठकर वे क्या क्या सोचते हैं उनकी भावनाओं व विचारों को हम अपने अनुभवों के अनुसार निम्न लिखित पंक्तियों में बिन्दुवार प्रस्तुत कर रहे हैं–

प्रिय सज्जनो! इस प्रकार हम कह सकते हैं कि श्मशान उस स्थान का नाम है–

• जहाँ पर अपने अपने विधि विधान के अनुसार किसी मृतक शरीर का अंतिम संस्कार किया जाता है।

• जहाँ पर मृतक के परिवारीयजन, पड़ोसी, रिश्तेदार व मित्रजन मृतक के अंतिम संस्कार में भाग लेते हैं तथा शोक संतप्त हो कर मौन बैठे रहते हैं।

• जहाँ पर हर इंसान के अन्दर यह भावना जाग्रत हो उठती है कि आखिरकार भगवान हमें इस पृथ्वी पर क्यों भेजता है तथा बाद में अनायास ही हमें उठा लेता है।

• जहाँ पर बैठकर इंसान यह सोचने को मजबूर हो जाता है कि हमारा शरीर जब नाशवान है तो फिर अहंकार किस बात का। हम आपस में क्यों लड़ते–झगड़ते हैं। हम किसी को क्यों कष्ट देते हैं।

• जहाँ पर बैठकर हर इन्सान को इंसानियत की याद आती है। भाईचारे से रहने की याद आती है। प्रेम से मिलजुल कर रहने की बात समझ में आती है।

• जहाँ पर बैठकर इंसान यह सोचता है कि हम स्वार्थ में इतने अंधे क्यों हो जाते हैं कि हम किसी दूसरों की परेशानी को न तो समझ पाते हैं और न समझने की कोशिश करते हैं।

• जहाँ बैठकर हर इंसान यह सोचता है कि घर–परिवार व समाज में रहकर हम एक दूसरे से जो ईर्ष्या–द्वेष करते हैं यह कितना निन्दनीय कृत्य है।

• जहाँ पर बैठकर इंसान को गीता की वे पंक्तियाँ याद आती हैं जिसमें भगवान श्री कृष्ण ने कहा था कि तुम क्यों रो रहे हो, तुम्हारा क्या खो गया है,

तुम क्या लेकर आये थे क्या लेकर जा रहे हो ? खाली हाथ आये थे तथा खाली हाथ जा रहे हो।

* जहाँ पर बैठकर इंसान क्या देखता है कि मृतक की चिता को देखकर सब दुखी दिखाई दे रहे हैं। सब उदास बैठे हैं। क्योंकि वे सोचते हैं कि एक दिन हमें भी इसी तरह जाना है तथा हमारे नैतिक और अनैतिक कार्यों का विश्लेषण भी यहीं होना है। तो फिर हम क्यों झूठ बोलें तथा क्यों दूसरों को धोखा दें।

* जहाँ पर चोर, डकैत, अपहरणकर्ता यही सोच पाते हैं कि इस प्रकार से पैदा किया हुआ धन न हमारे काम आएगा तथा न हमारे बच्चों के काम आएगा बदले में हम कई जन्मों तक बदनामी के शिकार होते रहेंगे।

* जहाँ पर इंसान यही विचार करता है कि अनीति व अन्याय से धन पैदा करने के बजाय भगवान ने हमें जो कुछ भी दिया है उसी में ही अपना तथा अपने परिवार का भरण–पोषण करना चाहिए।

* इस प्रकार अंत में हम यह कह सकते हैं कि शमशान वह स्थान है जिसकी रज में विराजकर हम

अंतर्मुखी होकर यह चिंतन करने लग जाते हैं कि इस संसार में जो भी आया है उसका जाना तो निश्चित है। साथ ही साथ हमें यह भी ख्याल आता है कि इंसान जाते समय अपने साथ कुछ भी नहीं ले जाता है।सिर्फ़ अपने द्वारा किये हुए कर्म के अनुसार परिवार व समाज में अच्छाई व बुराई छोड़कर जरूर जाता है जो उसके बाद उसकी पहिचान बन जाती है।

****

गुरु से क्या तात्पर्य है? समाज में गुरु का स्थान सर्वोच्च क्यों माना जाता है?

गुरु शब्द दो अक्षरों गु तथा रु से मिलकर बना है। जिसमें गु का अर्थ है–अन्धकार अथवा अज्ञानता तथा रु का अर्थ है हटाने वाला अथवा मिटाने वाला। इस प्रकार गुरु का शाब्दिक अर्थ है अंधकार हटाने वाला अथवा अज्ञानता मिटाने वाला एक महान व्यक्ति। निश्चय ही एक ऐसा व्यक्ति जो हमें अंधकार से प्रकाश की ओर ले जाये। हमें असत्य से सत्य की ओर ले जाये। हमें भिन्न–भिन्न विषयों व भाषाओं का बोध कराये। हमें अनुशासन और भाई चारे का पाठ पढ़ाये। इष्ट देव के दिव्य दर्शन कराये तथा भगवान की भक्ति करने में हमारी मदद करे। वह महापुरुष है तथा गुरु कहलाने का सर्वथा योग्य है।

यदि हम गुरु शब्द पर गहराई और गम्भीरता से बिचार करें तो हम देखते हैं कि हमारे सर्व प्रथम गुरु हमारे माता पिता हैं जिन्होंने हमें जन्म दिया है। पाल–पोष कर बड़ा किया है। हमें चलना फिरना तथा हँसना– बोलना सिखाया है। साथ ही साथ हमें परिवार के सदस्यों से रिश्तों का बोध भी कराया है।

इतना ही नहीं उन्होंने हमारे गृहस्थ जीवन में भी अपने अनुभवों एवं सुझावों से अपने जीवन पर्यंत एक अच्छे मार्गदर्शक की भूमिका का निर्वहन करते हुए हमें लाभान्वित किया है। इसके अतिरिक्त जब हम विद्यार्थी जीवन में प्रवेश करते हैं तब हमें विद्याअर्जन कराने वाले शिक्षक मिलते हैं तो हम उन्हें 'गुरु जी' कहकर पुकारते हैं। ये इस प्रकार के गुरु हैं जो हमें भिन्न भिन्न प्रकार के विषयों व भाषाओं का बोध कराते हैं। ये गुरु हमें इस योग्य बना देते हैं कि हम अपने परिवार का आसानी से भरण–पोषण कर सकें। ये गुरु जी हमें इस योग्य बना देते हैं कि हम दूसरों पर निर्भर न रहकर आत्मनिर्भर बन सकें। अपने बच्चों को अच्छी से अच्छी शिक्षा दिला सकें। साथ ही साथ परिवार की अन्य आवश्यकताओं को भी पूरा कर सकें।

सज्जनो ! जब हम साधन सम्पन्न हो जाते हैं तथा समाज में एक प्रतिस्पर्धात्मक वातावरण से होकर गुजरने लग जाते हैं, तब ऐसी स्थिति में हमारे अन्दर अहंकार, क्रोध, ईर्ष्या व नफ़रत जैसी बुराइयाँ प्रवेश करने लग जाती हैं। इस कारण परिवार तथा समाज में एक अशान्ति पूर्ण एवं तनाव युक्त माहौल देखने को मिलता है। तब हमें एक ऐसे व्यक्ति की खोज

करनी होती है जो हमें ऐसा मार्ग दर्शन दे सके जिससे कि हम परिवार व समाज में व्याप्त अशान्ति व तनाव निर्मित करने वाली बिकृतियों को अपने मन व मस्तिष्क से बाहर निकाल सके। तो फिर इस प्रकार चयनित व्यक्ति को ही हम आध्यात्मिक गुरु कह सकते हैं। कथाओं व प्रवचनों में अधिकांशतः इन्हीं गुरुजनों की चर्चा सुनने को मिलती है। यानी पूज्य कथा वाचक, आचार्य अथवा साधु—संत अपनी व्यास पीठ से इन्हीं आध्यात्मिक गुरुजनों को सद् गुरु कहकर आम जनता जनार्दन के सम्मुख संबोधित करते हैं।

ये आचार्य श्री अपने संबोधन में कहते हैं कि ये सद्गुरु अपने जप, तप, योग, अनुष्ठान, प्राणायाम आसन व संयम के द्वारा अपनी इन्द्रियों व अपने मन पर नियंत्रण करके अपने अन्दर आत्म—बल व आत्म—विश्वास का निर्माण करते हैं। आचार्य श्री बताते हैं कि ये सद्गुरु अपने आत्म—बल व आत्म—विश्वास से परिपुष्ट होने के उपरांत इन्हें अहंकार, क्रोध, ईर्ष्या व नफ़रत जैसी जघन्य बुराइयों से पूर्णतः मुक्ति मिल जाती है तथा इनके चित्तपटल में करुणा, सहानुभूति, परोपकार जैसे श्रेष्ठ बिचार प्रतिष्ठित हो जाते हैं। यही कारण है कि इनमें न तो

किसी भी प्रकार का लोभ–लालच देखने को मिलता है और न किसी मायामोह से ग्रसित होते दिखाई देते हैं। इन्हें न तो किसी धन–दौलत की अभिलाषा होती है और न इन्हें महंगे व बिलासी जीवनशैली में कोई रूचि होती है।

ये ज्ञान के भंडार होते हैं। इनकी एक चमत्कारिक जीवन शैली होती है। ये विलक्षण प्रतिभा के द्योतक होते हैं। इसी बजह से आजकल हम देखते हैं कि इन्हें वरिष्ठ साधु–सन्यासियों द्वारा श्री श्री १०८, श्री श्री १००८, वेदमूर्ति, योगगुरु, गीता मनीषी, मानस मयंक, ज्ञान स्वरूप आदि उपाधियों से विभूषित किया जाता है। इतना ही नहीं इनकी अपनी विद्वता, प्रतिभा, योग्यता एवँ इनकी ओजस्विता को देखते हुए हमारा उच्च स्तरीय पूज्य संत समाज इन्हें जगत गुरु, मण्डलेश्वर व महामण्डलेश्वर जैसी उच्च स्तरीय उपाधियों से विभूषित कर इन्हें एक विशेष प्रकार का दर्जा प्रदान करता है। हम इन सभी उपरोक्त प्रतिभावान परम पूज्य सन्तों व महापुरुषों को शत–शत नमन करते हैं, वंदन करते हैं व अभिनन्दन करते हैं।

सद्गुरु के इन सद्गुणों को आत्मसात् करते हुए महान संत कबीर दास जी ने अपने दोहे में लिखा है—

गुरु गोविन्द दोऊ खड़े, काके लागू पाँव।
बलिहारी गुरु आपनों, गोविन्द दीयो मिलाय।।

अर्थात् कबीर दास जी कहते हैं कि मेरे सम्मुख एक ओर गुरु जी खड़े हैं तथा दूसरी ओर गोविन्द यानी मेरे भगवान विराजमान हैं तो फिर ऐसी स्थिति में मैं सर्व प्रथम अपने परम पूज्य गुरुदेव के चरण कमलों में नतमस्तक होता हूँ जिन्होंने मुझे अपने आराध्य के दिव्य दर्शन कराये।

परम पूज्य गुरुदेव के सद् गुणों का वर्णन करते हुए महान संत तुलसी दास जी अपनी 'मानस' में लिखते हैं—

श्री गुर पद नख मनि गन जोती।
सुमिरत दिव्य दृष्टि हियँ होती।।

अर्थात् तुलसीदास जी कहते हैं कि गुरुदेव के चरण नखों की ज्योति मणियों के प्रकाश के समान सुन्दर है जिसका स्मरण करते ही हृदय में दिव्य दृष्टि उत्पन्न हो जाती है।

आप पुनः लिखते हैं–

गुरु पद रज मृदु मंजुल अंजन।
नयन अमिय दृग दोष विभंजन।।

अर्थात् तुलसीदास जी कहते हैं कि परम पूज्य गुरुदेव के चरणों की धूल कोमल और सुन्दर सुरमा के समान है जो नेत्रों के दृष्टि–दोषों को नष्ट कर देता है।

इतना ही नहीं, पूज्य गुरुदेव की दिव्यता, विशालता व उनकी तपश्चर्या को आत्मसात करते हुए हमारे ऋषियों–मुनियों ने भी वेद शास्त्रों में उन्हें सर्वोच्च स्थान दिया है। उन्होंने बताया है–

गुरुर्ब्रह्मा गुरुर्विष्णुः, गुरुरेव महेश्वरः।
गुरुरेव साक्षात् परम् ब्रह्म, तस्मयी श्री गुरुवे नमः।।

अर्थात् गुरु ही ब्रह्मा हैं, गुरु ही विष्णु हैं तथा गुरु ही महेश हैं। गुरु साक्षात् परमेश्वर का स्वरूप हैं। ऐसे परम पूज्य गुरुदेव को हम दंड वत् होकर प्रणाम करते हैं।

उन्होंने पुनः बताया है–

अखण्ड मंडलाकारम्, व्याप्तं येन चराचरम्।
तत्पदम्दर्शितम्येन, तस्मै श्री गुरुवेनमः।।

अर्थात् परम पूज्य गुरुदेव समस्त भू मण्डल में असीमित रूप से व्याप्त हैं। उनके चरण–कमलों को निहारते हुए हम पूज्य गुरुदेव को नमस्कार करते हैं।

इतना ही नहीं तत्व वेत्ताओं ने भी गुरु महिमा का वर्णन इस प्रकार किया है–

न गुरोर धिकम् तत्वम्, न गुरोरधिकम्तपः।

तत्व ज्ञानात् परम नास्ति, तस्मै श्री गुरवेनमः।।

अर्थात् गुरु के समान कोई तत्त्व नहीं, गुरु सेवा के समान कोई तप नहीं तथा गुरु के द्वारा दिए गए तत्त्व ज्ञान के समान तीनों लोकों में कुछ भी नहीं। ऐसी महान सत्ता वाले परम पूज्य गुरुदेव को हम शत– शत नमन करते हैं।

इस प्रकार उपरोक्त तीनों प्रकार के गुरुजनों की हमने जो विस्तृत व्याख्या प्रस्तुत की है उससे तो यही निष्कर्ष निकलता है कि मानव जीवन का सम्पूर्ण भाग इन्हीं तीनों प्रकार के गुरुजनों की छत्र छाया में ही पोषित और पल्लवित होता है। अब हम अपना ध्यान इस बात पर केन्द्रित करने जा रहे हैं कि आखिरकार समाज में गुरु का स्थान सर्वोच्च क्यों माना जाता है। इस बावत जो बिचार हमारे मस्तिष्क

में आये उन्हें हम अपनी सरल और सुगम भाषा में निम्न प्रकार से प्रस्तुत कर रहे हैं।

समाज में हमारे सभी गुरुजनों का स्थान सर्वोच्च इसलिए माना जाता है क्योंकि ये सभी गुरुजन अपने क्रमानुसार–

• हमें बाल्यावस्था में हँसना–बोलना चलना–फिरना सिखाते हैं तथा साथ ही साथ परिवार में रिश्तों की जानकारियां भी हमें देते हैं।

• सूर्य, चन्द्रमा व तारों के साथ साथ नदी, नहरें, तालाब, पृथ्वी, समुद्र आदि की जानकारी भी हमें कराते हैं।

• विद्यार्थी जीवन में हमें सिलाई, कढ़ाई, बुनाई के साथ साथ चित्रकला, पेंटिंग, मूर्तिकला, नृत्यकला, काष्ठकला व संगीतकला आदि रोजगार परक विषयों की जानकारियां कराते हैं।

• वैज्ञानिक, कंप्यूटर, आर्थिक, साहित्यिक, दार्शनिक, राजनैतिक व ऐतिहासिक विषयों के बारें में हमें विस्तृत ज्ञान प्रदान करते हैं।

- वकील, डॉक्टर, इंजीनियर के साथ साथ छोटे स्तर से लेकर बड़े स्तर के प्रशासनिक अधिकारियों तक बनने के लिए हमें तैयार करते हैं।

- अंधकार से प्रकाश की ओर तथा असत्य से सत्य की ओर ले जाने का मार्ग प्रशस्त करते हैं। इंसान के भटकाव को रोकने के साथ साथ उसके जीवन के वास्तविक उद्देश्य को परिभाषित करते हैं।

- हमें जीवन जीने की कला सिखाते हैं। अनुशासन में रहना सिखाते हैं। जीवन में विश्वास और सकारात्मकता के साथ आगे बढ़ने का मार्ग प्रशस्त करते हैं।

- हमें प्रतिकूलताओं में भी अनुकूलताओं का आभास कराते हैं एवँ भगवान के दिव्य दर्शन करने का रास्ता भी बताते हैं।

- सिद्धि प्राप्त करने एवँ इन्द्रियों पर नियंत्रण करने हेतु हमें सर्व सुलभ मार्गदर्शन देते हैं।

- परिवार में रहते हुए हमें सुख, शांति व संतोष के साथ साथ समृद्धि और सम्मान की प्राप्ति हेतु दिशा निर्देश सुनिश्चित करते हैं।

इस प्रकार हम कह सकते हैं कि इंसान के जन्म से लेकर जीवन पर्यंत तक हर स्थिति–परिस्थिति में उसकी जीवन यात्रा के हर मोड़ पर गुरुजनों द्वारा एक खास योगदान प्रदान करने की बजह से ही समाज में सभी गुरुजनों का सर्वोच्च स्थान माना जाता है। हम ऐसे सर्वोच्च स्थान प्राप्त करने बाले सभी गुरुजनों को शत–शत नमन करते हैं, वंदन करते हैं व अभिनंदन करते हैं।

****

हमें अपने जीवन में गुरु की आवश्यकता क्यों महसूस होती है ?

प्रिय सज्जनो ! हमारे मन में एक प्रश्न उभर कर आता है कि आखिरकार हमें अपने जीवन में गुरु बनाने की आवश्यकता क्यों पड़ती है अथवा हमें अपने जीवन में गुरु की आवश्यकता क्यों महसूस होती है ? क्या हम गुरु के बिना सुखी नहीं रह सकते ? क्या गुरु के बिना हम आत्मानन्द की अनुभूति नहीं कर सकते ? ये सभी अत्यंत गंभीर और चिन्तनशील प्रश्न हैं। ये सभी बेहद विचार करने योग्य प्रश्न हैं। इन पर गंभीरता पूर्वक विचार करना इसलिए और भी अधिक महत्त्वपूर्ण हो जाता है क्योंकि कोई भी इंसान बिना गुरु दीक्षा लिए अथवा बिना किसी योग्य व्यक्ति के मार्ग दर्शन में अपने जीवन में किसी भी स्थिति व परिस्थिति में अपना कोई भी कार्य सम्पन्न करता है तो अन्तोगत्वा कोई जरूरी नहीं है कि उसे उस कार्य में पूर्ण सफलता ही मिले बल्कि उसे असफलता के अवसर अधिक दिखाई देते हैं।

हमें यह अच्छी तरह विदित है कि गुरु–शिष्य की यह परंपरा आज की ही नहीं वल्कि हजारों वर्षों से ही नियमित रूप से चली आ रही है। यहाँ तक

कि विश्व के लगभग सभी धर्माचार्यों व विद्वानों ने भी इस गुरु – शिष्य परम्परा का पूर्ण समर्थन ही नहीं बल्कि इसका पुरजोर अनुसरण भी किया है। साथ ही साथ उन्होंने इस परम्परा को अपनाते हुए इसे आगे भी बढाया है। परिणाम स्वरुप यह परम्परा धीरे धीरे दिन प्रतिदिन बढ़ती ही जा रही है। यह एक विशालतम् रूप धारण कर चुकी है। तो फिर यह हम सबके लिए एक शुभ संकेत है। कितनी प्रशन्नता की बात है कि वर्तमान में जैसे जैसे गुरुजनों की संख्या में बृद्धि होती जा रही है ठीक उसी अनुपात में उनके शिष्य भी बढ़ते हुए नज़र आ रहे हैं। यह निश्चित ही मानव के उज्ज्वल भविष्य के लिए एक कल्याण कारी कदम है।

इसका मतलब साफ है कि आज ही नहीं बल्कि सदियों से ही इंसान को गुरु की आवश्यकता महसूस की जा रही है। क्यों कि मानव को एक ऐसे मार्गदर्शक की आवश्यकता होती है जो उसे एक अच्छा व स्वच्छ मार्ग दर्शन प्रदान कर सके। उसे अज्ञानता के अंधकार से बाहर निकाल सके। उसे एक अच्छा व नेक इन्सान बना सके। उसे एक श्रेष्ठ व उत्तम जीवन जीने की कला सिखा सके। उसे प्रेम और भाईचारे से रहना सिखा सके। मानव समाज को एक श्रेष्ठ चिंतन, उत्कृ

ष्ट सोच, मानवीय मूल्यों से युक्त संस्कृति एवँ भिन्न भिन्न विषयों की जानकारियाँ भला कौन दे सकता है। आखिरकार किस में ऐसी शक्ति है जो हमें शून्य से शिखर तक पहुंचा सके तो फिर इसका एक ही जवाब है कि इस प्रकार की शक्ति हमारे पूज्य गुरुजनों में ही संभव है।

जैसा कि हम पिछले अध्याय में बता चुके हैं कि हमारे प्रथम गुरु हमारे माता – पिता हैं जिन्होंने हमें जन्म दिया है। हमें चलना–फिरना व हंसना–बोलना सिखाया है। परिवार में भाई–बहन, चाचा–चाची, ताऊ–ताई आदि रिश्तों का ज्ञान कराया है। इतना ही नहीं उन्होंने हमें खाने–पीने वाली वस्तुएँ, दैनिक प्रयोग में लायी जाने बाली वस्तुएँ तथा पास–पड़ोस में उपलब्ध अन्य वनस्पतियों व जानवरों आदि की जानकारियां भी करायी हैं। कहने का तात्पर्य यह है कि उन्होंने हमें शिशुकाल से लेकर बाल्यकाल तक हमारी क्षमताओं व जिज्ञासाओं को ध्यान में रखते हुए यथोचित जानकारियां प्रदान की हैं। इस कारण माता–पिता हमारे प्रथम गुरु हैं। इस छोटी सी उम्र में हमें जो ज्ञान मिला है अथवा जो मार्गदर्शन मिला है वह सिर्फ़ इन्हीं की बजह से ही मिला है। इस कारण इनका स्थान समाज तथा

परिवार में सर्वोच्च माना जाता है। अतः परिवार में बुनियादी तौर पर हमें ऐसे ही गुरु (माता–पिता) की आवश्यकता महसूस होती है।

जब हम बड़े हो जाते हैं तथा हमारे माता–पिता हमें किसी विद्यालय में प्रवेश दिला देते हैं तब समझिये हमारे जीवन का एक नया युग प्रारंभ हो जाता है। विद्यार्थी जीवन का एक प्रारंभिक काल शुरू हो जाता है। इस काल में जो अध्यापक हमें विद्यार्जन कराते हैं उन्हें हम शिक्षक गुरु कहते हैं। यह शैक्षणिक काल तब तक चलता रहता है जब तक कि हम बड़े होने तक अपनी योग्यता, क्षमता व जिज्ञासा के आधार पर किसी रोजगार के योग्य नहीं हो जाते हैं। इस पूरे कार्यकाल में जिन जिन शिक्षकों ने हमें ज्ञान और शिक्षा प्रदान की है एवँ हमें इस योग्य बनाया है कि हम पाणि गृहण संस्कार के बाद अपने परिवार का भली भांति भरण–पोषण कर सकें तो ये सब हमारे शिक्षक गुरु हैं। साथ ही साथ इन शिक्षक गुरुओं ने हमें यह मार्गदर्शन भी दिया है कि हम अपने दैनिक जीवन में एक अनुशासित सिपाही बनकर कर्तव्यनिष्ठा के साथ अपने कार्यों को सम्पन्न करते रहें। ईमानदारी व सच्चाई के साथ अपनी जिम्मेदारी को निभाते रहें। इस प्रकार हमारे जीवन को रोजगार परक बनाने के

लिए इन्हीं शिक्षक गुरुजनों की आवश्यकता सदैव से ही महसूस की जाती है।

सज्जनो ! जब हम विद्यार्थी जीवन से गृहस्थ जीवन में प्रवेश करते हैं तब समझिये हमारे जीवन का एक नया परिवर्तन प्रारंभ हो जाता है। हम गृहस्थ हो जाते हैं। हम सांसारिक हो जाते हैं। हम एक सामाजिक बातावरण में होकर गुजरने लगते हैं। हर जाति धर्म के लोगों के संपर्क में आते हैं। उन्हीं से हम अच्छा–बुरा सीखते हैं। हानि–लाभ का अनुभव करते हैं। सच और झूठ का अनुभव करते हैं। ईर्ष्या व द्रेष का अनुभव करते हैं। इतना ही नहीं हम पहले से अधिक जिम्मेदारी निभाना भी उन्हीं से सीखते हैं।

चूँकि वर्तमान युग विज्ञान का युग है। भौतिकवाद व आर्थिकवाद का युग है। धन सम्पत्ति कमाने में कोई भी इंसान एक दूसरे से पीछे नहीं रहना चाहता है। अधिक धन सम्पत्ति कमाने में होड़ मची हुई है। उसका केवल एक ही उद्देश्य दिखाई पड़ता नज़र आता है कि किसी प्रकार से अधिक से अधिक धन पैदा हो। जहाँ तक कि अनैतिक रूप से धन कमाना एक प्रकार से परंपरा ही बनती ही जा रही है। परिणाम स्वरुप वर्तमान में मनुष्य पहले से कहीं अधिक सम्पन्नता की ओर अग्रसर होता जा रहा

है। समाज में समृद्धि व वैभव की कोई कमी नहीं रहती है। तो फिर वर्तमान में आर्थिक सम्पन्नता के कारण लोगों में अनेक प्रकार की विकृतियाँ देखने को मिलती हैं। लोगों में अहम् की भावनाएं देखने को मिलती हैं। आपस में ईर्ष्या–द्वेष बढ़ता जाता है। जिसके कारण लोगों में पारस्परिक झगड़े फ़साद की संभावना अक्सर बढ़ती हुई दिखायी देती है।

इस प्रकार हम देखते हैं कि समाज में एक तरफ सम्पन्नता के कारण विकृतियाँ उत्पन्न हो जाती हैं तथा दूसरी ओर सामाजिक प्राणी होने के कारण मनुष्य समाज में आपस में सामजस्य स्थापित करके सबसे मिलजुल कर चलना भी चाहता है। इतना ही नहीं वह सुख चैन की नींद भी सोना चाहता है। चाहे धनी हों अथवा निर्धन, बुजुर्ग हों अथवा प्रौढ़, बच्चे हों अथवा नौजवान स्वभावतः सभी लड़ाई–झगड़ों से दूर रहना चाहते हैं। यानी हम सब लोग परस्पर प्रेम और भाई चारे से रहना पसंद करते हैं। परन्तु खेद की बात है कि हम चाहते हुए भी प्रसन्न नहीं रह पाते। हम चाहते हुए भी सुख चैन की नींद नहीं सो पाते। हम चाहते हुए भी परस्पर प्रेम और भाई–चारे से नहीं रह पाते क्यों कि हम अपने अहंकार में आकंठ डूबे

हुए हैं। इस बुराई से मुक्ति दिलाना साधारण इंसान के बस की बात नहीं है।

उपरोक्त समस्याओं के समाधान के लिए एवं मानव मस्तिष्क में व्याप्त बुराइयों से मुक्ति के लिए अपने प्रथम गुरु माता–पिता एवं दूसरे प्रकार के गुरु 'शिक्षक गुरु' के अतिरिक्त हमें तीसरे गुरु की भी आवश्यकता होती है जिन्हें हम 'आध्यात्मिक गुरु' कह सकते हैं।

जब हम अपने परिवार के साथ किसी योग्य व्यक्ति अथवा संत के पास गुरु–दीक्षा लेने जाते हैं तो हमें एक मंत्र दिया जाता है। साथ में उनका चित्र होता है तथा एक माला भी दी जाती है। गुरु–दीक्षा प्राप्त करने के उपरांत हमें भली भांति समझना होगा कि हम निगुरा न होकर अब हम गुरुवान हो गये हैं। हम तथा हम सब एक गुरु के शिष्य हो गये। हमारे जीवन की रूप रेखा ही बदल गयी। हमारे जीवन में परिवर्तन का युग प्रारंभ हो गया। गुरु–दीक्षा लेने के बाद हम सबका यह कर्तव्य व जिम्मेदारी बन जाती है कि हम अपने परम पूज्य गुरुदेव के प्रति आस्था, श्रद्धा व विश्वास रखें। उनके निर्देशन के अनुसार हम दिए हुए मंत्र का जप करें। हम अपने परमपूज्य गुरुदेव के आश्रम में समयानुसार अपनी उपस्थिति

सुनिश्चित करें। आश्रम में अथवा अन्य स्थानों पर आयोजित कार्यक्रमों में बढ़—चढ़ कर भाग लें। उनके द्वारा दिए हुए प्रवचनों व अमृतवाणी को बड़ी गम्भीरता एवँ शालीनता से श्रवण करें।

सज्जनो ! हमें पूर्ण श्रद्धा व विश्वास के साथ यह भी जानना जरुरी होगा कि समाज में फैली हुई बिकृतियाँ सिर्फ़ हमारे गुरुदेव ही दूर कर सकते हैं। समाज को एक श्रेष्ठ मार्गदर्शन गुरु जी ही दे सकते हैं। हमारे मस्तिष्क में मौजूद ये विकृतियाँ परम पूज्य गुरुदेव के क्रमशः प्रवचनों से, उनकी अमृत वाणी से, उनके द्वारा बताये हुए दिशा निर्देशों से एवं उनके द्वारा लिखित पुस्तकों के स्वाध्याय से स्थायी रूप से दूर की जा सकती हैं। यही कारण है कि आज पूरा मानव समाज सदियों से ऐसे महामानव की अनिवार्य रूप से आवश्यकता महसूस कर रहा था आज भी महसूस कर रहा है तथा हमारा अनुभव यह कह रहा है कि भविष्य में भी ऐसे महापुरुषों की तथा ऐसे पूज्यनीय गुरुजनों की इस विश्व मानव समाज में अनिवार्य रूप से आवश्यकता महसूस की जाती रहेगी।

यह बात कितनी अच्छी है कि हम अपने परिवार में अन्य देवी—देवताओं के साथ अपने परमपूज्य

गुरुदेव का पूजन–अर्चन करते हैं। उनके निर्देशानुसार हम साधना–उपासना करते हैं। यह भी अच्छी बात है कि हम अपने परम पूज्य गुरुदेव द्वारा किये हुए जप, तप, साधना व चमत्कार की समय–समय पर प्रशंसा भी करते हैं तथा उनके द्वारा निर्मित विशालतम् मंदिरों व आश्रमों की भी अपने मुक्त कंठ से प्रशंसा करने में भी किसी से पीछे नहीं रहते। उपरोक्त बातें इसलिए महत्त्वपूर्ण हैं क्यों कि इन सभी बातों से ही अपने गुरु जी के प्रति श्रद्धा,निष्ठा,आस्था व विश्वास में निश्चित रूप से प्रगाढ़ता आती है जो कि हमारे उज्ज्वल भविष्य के लिए बहुत ही आवश्यक और लाभ प्रद है।

अब हमारे लिए ध्यान देने की बात यह है कि जब भी किसी स्थान पर श्रीमद् भागवत कथा का आयोजन हो रहा हो अथवा कहीं पर प्रवचन या सत्संग हो रहा हो और यदि हमें वहाँ पर जाने का सौभाग्य प्राप्त हो रहा हो तब ऐसी स्थिति में हमें वहाँ पर अवश्य जाना चाहिए। तथा पूज्य कथा वाचक को अपना गुरु समझ कर बड़ी शालीनता के साथ एवं बड़े ही शांति पूर्वक उनकी अमृत वाणी को श्रवण करना चाहिए। वहाँ पाण्डाल में बैठकर पूज्य कथा वाचक के उपदेशों का मन से और हृदय से

रसास्वादन करना चाहिए। साथ ही साथ अपने गोपाल जी की भक्ति में विभोर होकर एवँ अपने गोपाल जी की लीलाओं के श्रृंगाररस में डुबकी लगाते हुए व नृत्य करते हुए अपने तन–मन को भगवान के चरणों में समर्पित कर देना चाहिए।

प्रिय सज्जनो ! यदि हम और आप चाहते हैं कि हमारे और आपके परिवार में शांति का वातावरण बने, आपस में लड़ाई–झगड़ा न हो। सभी लोग सामंजस्य और तालमेल से कार्य करें। पति-पत्नी, भाई–बहन, भाई–भाई आदि सब प्रेम से रहें। परिवार में पारस्परिक भाईचारा हो, तनाव मुक्त वातावरण बने एवँ सभी लोग एक मुस्कराहट भरी जिंदगी जिएँ। तो फिर यह सब तभी संभव हो सकता है जब हमारे और आपके अन्दर की विकृतियाँ समाप्त हों। परन्तु ये विकृतियाँ तभी समाप्त हो सकती हैं जब हम प्रातः जागरण तथा रात्रि–शयन के समय अपने परम पूज्य गुरुदेव का पावन स्मरण करें उनसे संवाद करें तथा उनसे एक भाव भरा विनम्र निवेदन करें कि हे गुरुदेव! आप हमें ऐसी शक्ति व साहस प्रदान करें जिससे कि हमारा ध्यान बुराइयों से हटकर अच्छाइयों में लगे।

गुरु पूर्णिमा और इसका महत्व

गुरु पूर्णिमा का यह पावन पर्व संपूर्ण भारत में हर वर्ष बड़े ही धूम–धाम से मनाया जाता है। यह पर्व आषाढ़ मास की पूर्णिमा के दिन मनाया जाता है। यह पर्व अपने परम–पूज्य गुरुदेव के प्रति श्रद्धा व विश्वास का प्रतीक होता है। यह दिवस परम–पूज्य गुरुदेव द्वारा दी हुई शिक्षाओं की समीक्षा का भी प्रतीक माना जाता है। इसके अतिरिक्त यह पावन दिवस संकल्पों–विकल्पों के साथ–साथ समर्पण का प्रतीक भी माना जाता है।

सज्जनों! जिन लोगों ने सिर्फ़ अपने पूज्य माता–पिता को ही अपना गुरु माना है तो फिर ऐसे महानुभाव अपने घर पर ही हवन,कीर्तन आदि कार्यक्रम संपन्न करके अपने पूज्य माता–पिता को पुष्प माला पहनाकर उनकी आरती उतारते हैं। उनका चरण वंदन करते हैं तथा उनके अच्छे स्वास्थ्य हेतु ईश्वर से प्रार्थना करते हैं। साथ ही अपने उज्जवल भविष्य के लिए आशीर्वाद भी प्राप्त करते हैं। उस समय सारा परिवार प्रेम और आनंद में इस कदर डूब जाता है कि वहां का वातावरण अवश्य ही स्वर्ग जैसी अनुभूति का आभास कराता है। इसी क्रम में समाज के कुछ महानुभाव ऐसे भी देखने को मिलते हैं जो

ऐसे शुभ अवसर पर अपने मनपसंद पूज्य शिक्षक गुरुजी के निवास पर पहुंचकर उनका तिलक लगाकर माल्यार्पण करते हैं। उनकी आरती उतारते हैं तथा उनका चरण वंदन कर उनके स्वास्थ्य व उनकी दीर्घायु हेतु भगवान से प्रार्थना करते हैं। तो फिर ऐसी स्थिति में परमपूज्य शिक्षक गुरुजी व उनके परिवारीय-जनों का हृदय कितना गद्गद् हो जाता है, कितना आनंद-विभोर हो जाता है एवं उन्हें कितनी आत्मीयता मिलती है यह तो वही जानते हैं। लेकिन इतना तो अवश्य महसूस होता है कि गुरु शिष्य का यह रिश्ता बड़ा ही अटूट होता है। इतना ही नहीं गुरु शिष्य का यह नाता प्रेम, श्रद्धा व समर्पण युक्त भावनाओं से सराबोर भी होता है।

प्रिय सज्जनों! अब बात करते हैं उन लोगों की जिन्होंने परम पूज्य साधु-संतों अथवा पूज्य आचार्य जी के सानिध्य में रहकर उनसे गुरु दीक्षा ग्रहण की है एवं जिन्होंने अपने जीवन में कुछ सकारात्मक परिवर्तन लाने के लिए उनका मार्गदर्शन व आशीर्वाद प्राप्त किया है। उधर भिन्न भिन्न संस्थाओं से जुड़े लोगों से संपर्क करने पर हमें दो प्रकार की जानकारियां प्राप्त हुई हैं। पहली जानकारी यह है कि संस्थाओं से जुड़े हुए कुछ लोग ऐसे हैं जिनके पूज्य

गुरुजी ने अपना शरीर छोड़ दिया है। दूसरी जानकारी यह है कि संस्था से जुड़े हुए कुछ लोग ऐसे भी हैं जिनके पूज्य गुरुजी आज भी जीवित हैं।

प्रिय सज्जनों! अब बात करते हैं उन गुरुजनों की जिन्होंने अपना शरीर त्याग दिया है। ऐसी स्थिति में उनके स्थान पर उनके उत्तराधिकारी उस संस्था का कार्यभार संभालते हैं तथा समुचित देखभाल करते हैं। ये उत्तराधिकारी ही उस संस्था अथवा आश्रम की संपूर्ण व्यवस्था का उत्तरदायित्व बड़े ही समर्पण भाव से एवं कर्तव्य निष्ठा के साथ निर्वहन करते हैं। गुरु पूर्णिमा के पावन पर्व पर ये वरिष्ठ कार्यकर्ता ही अपने अपने आश्रमों में यज्ञ, सत्संग अथवा प्रवचनों के माध्यम से भिन्न–भिन्न क्षेत्रों से गुरु दीक्षा लेने आए नव आगंतुक भाई–बहनों को गुरु दीक्षा देकर इस पुनीत कार्यक्रम को संपन्न कराते हैं। इस कार्य के लिए सर्वप्रथम इन भाई–बहनों को परम पूज्य गुरु जी का एक चित्र, एक माला, एक यज्ञोपवीत तथा अन्य सामग्री भेंट की जाती है। तत्पश्चात् उन्हें एक मंत्र भी दिया जाता है। जिसका माला के माध्यम से जप करने के लिए दिशा निर्देश दिए जाते हैं।

अब बात करते हैं उन पूज्य गुरुजनों की जो आज भी जीवित हैं। ऐसी स्थिति में ये गुरुजी स्वयं

प्रवचन करते हैं, सत्संग करते हैं तथा हवन आदि कार्यक्रमों में भाग लेते हैं। साथ ही साथ उनके शिष्य भी उन्हें माल्यार्पण कर उन्हें दंडवत प्रणाम करते हैं तथा अपने पूज्य गुरु जी के स्वास्थ्य और दीर्घायु के लिए ईश्वर से प्रार्थना करते हैं। इस प्रकार सभी शिष्यगण अपने पूज्य गुरु जी के चरण वंदन कर उनसे आशीर्वाद प्राप्त करते हैं। तत्पश्चात् गुरु दीक्षा लेने आए सभी भाई–बहनों को भी गुरुजी अपने निर्धारित विधि विधान के अनुसार अपना एक विशेष मंत्र देकर उन्हें दीक्षित करते हैं। इस प्रकार गुरु पूर्णिमा के पावन पर्व पर सैकड़ों हजारों लोग अपने–अपने पूज्य गुरुदेव के आश्रमों में उपस्थित होकर प्रतिवर्ष बड़े ही आनंद और हर्षोल्लास के साथ इस पर्व को मनाते हैं। आश्रमों का सारा वातावरण प्रेम और आनंद में इस क़दर डूब जाता है कि वहां से हटने का मन नहीं करता है। कहीं भागवत कथा का भव्य आयोजन हो रहा है तो कहीं जवाबी कीर्तन हो रहा है। कहीं पर पूज्य साधु–संतों में सत्संग चल रहा है। तो कहीं पूज्य श्री आचार्यों द्वारा उनके कमल मुख से निःसृत मधुर व अमृतवाणी आश्रमों की शोभा बढ़ा रही है।

प्रिय सज्जनों! वैसे तो सभी आश्रमों में गुरु पूर्णिमा के अतिरिक्त भी वर्ष के मध्य में कुछ अन्य कार्यक्रम पूज्य गुरुदेव के दिव्य मार्गदर्शन में संपन्न किए जाते हैं। परंतु गुरु पूर्णिमा के पावन दिवस पर जो भव्य और विशाल कार्यक्रम परमपूज्य गुरुदेव के दिव्य मार्गदर्शन में संचालित होता है वह कार्यक्रम अपने में एक अनोखा व अद्भुत होता है। जिस प्रकार लोग अपने कुछ संकल्पों व विकल्पों के साथ कुछ निर्धारित तिथियों के अनुसार पतित पावन श्री गंगा जी में स्नान करने जाते हैं, कुछ लोग श्री गोवर्धन परिक्रमा करने भी जाते हैं। ठीक उसी प्रकार गुरु पूर्णिमा के पावन पर्व पर सभी शिष्य गण अपने—अपने पूज्य गुरु जी के आश्रम में अपनी हाज़िरी लगाकर अपने को धन्य मानते हैं।

अब हम इस बात की चर्चा और विचार विगर्श करेंगे कि आखिरकार अन्य कार्यक्रमों की अपेक्षा गुरु पूर्णिमा पर होने वाले कार्यक्रमों का विशेष महत्व क्यों माना गया है। इस बाबत मैंने जो भी अनुभव प्राप्त किए हैं उनके अनुसार मेरा तो यही विचार है कि अन्य कार्यक्रमों में पूज्य गुरुदेव की उपस्थिति हो भी सकती है तथा नहीं भी हो सकती है। परंतु गुरु—पूर्णिमा एक मात्र ऐसा पर्व है जिसके लिए

गुरुदेव अपने सभी कार्यक्रमों को स्थगित कर इस दिन आवश्यक और अनिवार्य रूप से सादर उपस्थित रहते हैं। साथ ही साथ उनके शिष्य गण भी इस बात को भली भांति जानते हैं कि इस पावन पर्व पर हमारे गुरुजी आश्रम में अवश्य ही पधारेंगे। जब गुरुजी और शिष्य आश्रम में पधार चुके होते हैं, तब गुरु जी के दर्शन के लिए महीनों से प्रतीक्षारत शिष्यों को कितनी खुशी होती है एवं उन्हें कितनी शांति और आनंद की अनुभूति होती है, यह तो वही जानते हैं। परंतु यह भी सत्य है कि यही स्थिति पूज्य गुरुदेव की भी होती है।

यह भी देखा गया है कि आश्रम में अधिकांश लोग सपरिवार आते हैं। क्योंकि पूज्य गुरुदेव अपने प्रवचनों में अक्सर कर यह कहा करते हैं कि इंसान के लिए गुरु दीक्षा लेने का उद्देश्य मात्र आध्यात्मिक चिंतन ही नहीं, बल्कि पारिवारिक और सामाजिक जीवन में जीवन जीने की कला को भी सीखना होता है। परिवार में सभी लोग प्रेम और भाईचारे से कैसे रहें। मिलजुल कर कैसे कार्य करें। अनुशासन में रहें व सहनशील बनें। ये सभी बातें सत्संग से ही सम्भव हैं। परिवार एक ऐसा स्थान है जहां पर आए दिन कुछ न कुछ समस्याएं आती ही रहती हैं। ठीक इसी

प्रकार आश्रम भी एक ऐसा स्थान है जहां पर समस्याएं हल होती रहती हैं। कार्यक्रम के अंत में सभी लोग अपनी–अपनी समस्याएं, अपने पूज्य गुरुदेव के सम्मुख रखते हैं। गुरुदेव अपना मार्गदर्शन देते हैं तथा समस्याओं का समाधान भी आसानी से निकाल देते हैं। यह सब गुरु जी की कृपा से ही संभव है। बाद में सभी शिष्य गण आश्रम में प्रसाद ग्रहण कर अपने अपने घरों को प्रस्थान कर जाते हैं।

इस प्रकार अंत में हम यह कह सकते हैं कि बीते समय में अपने परम पूज्य गुरुदेव से हमें जो कुछ भी ज्ञान मिला तथा हमने जो कुछ भी शिक्षा ग्रहण की। तो फिर उस ज्ञान और शिक्षा का आंकलन व समीक्षा करने का अगर कोई पर्व है तो वह है "गुरु पूर्णिमा पर्व"। इसी प्रकार घर–परिवार व समाज में रहते हुए यदि हमारे अंदर कुछ बुराइयां प्रवेश कर जाती हैं तो फिर इन बुराइयों को छोड़ने के लिए संकल्प लेने का यदि कोई पर्व है तो वह है– "गुरु पूर्णिमा पर्व"। कहने का भाव यह है कि अपने हिंदू सनातन धर्म में जितने भी पर्व मनाए जाते हैं उन सबका अपना–अपना महत्व है। उसी क्रम में गुरु पूर्णिमा पर्व का भी अपना विशेष महत्व है।

गायत्री मंत्र और इसका भावार्थ

ॐ भूर्भुवः स्वः तत्सवितुर्वरेण्यं भर्गो देवस्य।

धीमहि धियो योनः प्रचोदयात्।।

ईश्वरीय विधान के अनुसार अपना चरित्र निर्माण करना ही मानव जीवन का प्रमुख उद्देश्य है। चरित्रवान व आचरण शील व्यक्ति ही भगवान के दिव्य दर्शन करने में सक्षम माने जाते हैं। गायत्री मंत्र एक दर्शन है। जीवन जीने की कला है। चरित्रवान बनने का एक सहारा है। शिष्टाचार सीखने का एक तरीका है। वेद शास्त्रों का निचोड़ है। यह महत्त्वपूर्ण शिक्षाओं का संगम है। दुष्प्रवृत्तियों को परिमार्जन करने की इसमें अपार क्षमता विद्यमान है। गायत्री मंत्र का अनुवाद इस प्रकार है –

उस प्राणस्वरूप दुःख नाशक सुखस्वरूप श्रेष्ठ तेजस्वी पापनाशक देवस्वरूप परमात्मा को हम अपने अन्तःकरण में धारण करें। वह परमात्मा हमारी बुद्धि को सन्मार्ग पर प्रेरित करे।

जहाँ तक गायत्री मन्त्र के भावार्थ का सवाल है हम निम्न पंक्तियों में विस्तार से इसकी व्याख्या कर रहे हैं।

ॐ – परमात्मा का सर्वश्रेष्ठ नाम और स्वरूप है। ॐ परमात्मा को हृदय में धारण करने की प्रेरणा देता है। ॐ में तीन अक्षर हैं अ उ म। अ का मतलब है आत्म समर्पण। उ का मतलब है उन्नति। म का मतलब है महानता। अर्थात् आत्म समर्पण द्वारा भगवान की प्राप्ति। मानसिक व सामाजिक जीवन को ऊँचा उठाते हुए, स्वार्थ परता व संकीर्णताओं को त्यागते हुए एवं दया करुणा व सेवा जैसे सद्गुणों को धारण करते हुए एक उच्च आदर्शवादी महान व्यक्ति बनना।

भूर्– यह समानता तथा एकता का प्रतीक है। यह हमें निर्देशित करता है कि हमें दूसरों के प्रति वही व्यवहार करना चाहिए जैसा कि हम दूसरों से अपने लिए चाहते हैं। समानता के आधार पर जाति, वंश, समुदाय, स्त्री–पुरुष किसी को भी छोटा–बड़ा नहीं समझना है। अच्छे बुरे कर्म से ही ऊँच नीच की पहिचान करनी चाहिए।

भुवः–यह शब्द हमें सत्कर्म करने के लिए प्रेरित करता है। यह हमें प्रेरणा देता है कि हमें अपने उज्ज्वल भविष्य के लिए आत्म कल्याण व आत्म उन्नति के लिए अपनी बुद्धि व विवेक का भलीभांति प्रयोग करना चाहिए। हमें सुख में न तो अधिक हर्षित होना चाहिए और न दुःख में अत्यधिक दुःखी होना चाहिए।

कर्तव्यपरायण व कर्तव्यनिष्ठ होना हमारा स्वभाव होना चाहिए।

स्वः– यह शब्द हमें यह बोध कराता है कि हमें अपने मन की चंचलता व चपलता को नियंत्रित करते हुए आत्मोत्कर्ष पर गहन चिंतन करना चाहिए। अपनी अस्थिरता व उद्विग्नता को किनारे करते हुए अनुकूल और प्रतिकूल दोनों प्रकार की परिस्थितियों का रसास्वादन करते हुए हमें हर्ष और शोक को हँसते मुस्कुराते हुए इन पर अमल करना चाहिए।

तत् – इस शब्द का भाव यह है कि जो जन्मा है उसकी मृत्यु निश्चित है। यह बात दीगर है कि यह जो श्वास इस समय चल रही है वह किस क्षण बंद हो जाये। अतः हम अपने जीवन का हर पल कुछ श्रेष्ठ कार्यों के लिए ही बितायें। हमें क्षणिक सुख के लिए भी पाप नहीं करना चाहिए।

सवितुर– यह शब्द हमें यह बोध कराता है कि अपने उज्ज्वल भविष्य के लिए यानी जीवन में सुख, शांति, संतोष, समृद्धि व सम्मान के लिए इंसान को तेजस्वी और पुरुषार्थी होना चाहिए।

वरेण्यं– इसका भाव यह है कि हम जो कुछ भी सोचें अच्छा सोचें जो कुछ भी करें अच्छा करें। किसी का

बुरा न सोचें व बुरा न करें। ईर्ष्या व द्वेष से दूर रहें। किसी के प्रति नफ़रत के भाव न रखें। महान बनें व श्रेष्ठ बनें। भौतिकवाद के साथ साथ आध्यात्मिक चिंतन भी जरूरी है। यह सत्य है कि जो इंसान जैसा सोचता है वैसा ही करने लगता है तथा बाद में वैसा ही बन जाता है।

भर्गो – इसका भाव यह है कि संसार के समस्त दुःख इंसान द्वारा किये हुए पापों का ही परिणाम है। अतः जिन्हें दुखों से भय लगता है तथा सुखों को प्राप्त करने की भारी इच्छा होती है उन्हें अपने जीवन में सदैव सत्कर्म करते रहना चाहिए।

देवस्य – परमात्मा की पवित्र सृष्टि में जो कुछ भी है वह पवित्र और आनंदमय है। अतः इस सृष्टि को पवित्र दृष्टि से देखें। अपने अन्दर के कल्मष–कषायों का परिमार्जन करके अपने हृदय में देवत्व को धारण करें।

धीमहि – इस शब्द का अर्थ है धारण करना अर्थात् हम अपने अन्दर सद्गुणों को धारण करें। अपने स्वभाव को विनम्र, सरल, सुगम और शालीन बनायें। ईमानदार व उदार बनायें। अपने अंतःकरण में पवित्र शक्तियों को धारण करें।

धियो– यह शब्द सद्बुद्धि का प्रतीक है। अतः जो बात बुद्धि संगत हो, तर्क संगत हो एवँ विचार संगत हो उसी बात को हमें प्राथमिकता देनी चाहिए। यानी उसी बात को हमें ग्रहण करना चाहिए। विवेकशीलता के आधार पर तथ्यों का विश्लेषण करते रहना चाहिए।

योनः– इसका भाव यह है कि परमपिता परमेश्वर की असीमकृपा से हमने जो साधन और शक्तियाँ अर्जित की हैं उन्हें यथोचित आवश्यकता के अनुसार अपने परिवार में उपभोग करें तथा शेष भाग समाज के लिए समर्पित कर दें। यानी अपनी आय का एक सूक्ष्म अंश भगवान के कार्य के लिए इस्तैमाल करें।

प्रचोदयात्–यह पद हमें यह शिक्षा देता है कि हम परमात्मा से यह प्रार्थना करें कि वह हमारी बुद्धि को इस प्रकार प्रेरित करे कि हम अपने रोजमर्रा के जीवन में ऐसे कार्य न करें जिससे कि किसी को कष्ट हो अथवा किसी को हानि हो। हम समाज के लोगों को एक अच्छा मार्गदर्शन दे सकें। हम अपने अनुभवों से दूसरों को लाभान्वित कर सकें। समाज में सौम्य व सौहार्दपूर्ण वातावरण तैयार कर सकें।

इंसानियत और इसका महत्व

जब हम सुबह को सड़क के किनारे टहलने जाते हैं और मार्ग में कोई अँधा अथवा बुजुर्ग व्यक्ति मिल जाता है। वह उस सड़क को पार करना चाहता है। तब हम उस व्यक्ति का हाथ पकड़कर सड़क पार करा देते हैं। इसी प्रकार जब हम बस अथवा ट्रेन में यात्रा कर रहे होते हैं तथा हमारे पास एक बुजुर्ग व्यक्ति अथवा कोई महिला खड़ी दिखाई देती है तो फिर हम उस बुजुर्ग व्यक्ति अथवा उस महिला को अपना स्थान दे देते हैं तथा हम स्वयं अपने स्थान पर खड़े हो जाते हैं। यदि हम इन दोनों स्थितियों का आत्मावलोकन करें तो हमें ज्ञात होता है कि इन दोनों स्थितियों में हमारे अंतःकरण में जो पर हित एवं सहानुभूति की भावना उजागर होती है तो फिर इसी भावना को ही हम इंसानियत कहते हैं। इंसानियत का शाब्दिक अर्थ है–इंसान की नियत अर्थात् एक इंसान की दूसरे इंसान के प्रति क्या नियत है ? क्या मनसा है? क्या धर्म है ? क्या कर्तव्य है ? क्या श्रद्धा है ?

प्रिय सज्जनो! जीवन में बहुत से ऐसे अवसर आते हैं जब हमें ऐसे लोगों से वास्ता होता है जिन्हें किसी न किसी सहायता की अथवा मार्गदर्शन की

आवश्यकता होती है। चाहे वे लोग गरीब हों अथवा अमीर, शिक्षित हों अथवा अशिक्षित, पुरुष हों अथवा महिलाएँ। खास कर इस प्रकार के लोग हॉस्पिटल, बैंक, बस अड्डा तथा रेलवे स्टेशन पर देखने को मिलते हैं। इतना ही नहीं किसी चौराहे पर भी खड़े होकर कुछ लोग पूछते देखे गए हैं कि भाई साहिब हमें तो अमुक स्थान पर जाना है किधर से जाएँ? कभी कभी बच्चों के अभिभावकों को भी यह पूछते देखा गया है कि हम अपने बच्चे को कौन से स्कूल में प्रवेश दिलायें तथा उसे कौन से विषय दिलवायें कि भविष्य में हमारा बच्चा कुछ बनकर निकले। कहने का तात्पर्य यह है कि समाज के लोगों को कदम कदम पर ऐसे लोगों की आवश्यकता पड़ती ही रहती है जो भटके हुए लोगों को एक सही मार्ग दर्शन दे सकें। जो सही सलाह दे सकें तथा समय पर सहायता भी कर सकें। बस इसी का नाम है– इंसानियत।

परन्तु हमें यह भी देखना होगा कि उपरोक्त कार्य वही व्यक्ति कर सकता है जिसके मन में निःस्वार्थ भाव मौजूद हों। भाईचारे का वास हो। इंसानियत का भाव हो। यहाँ पर सोचने का विषय यह है कि जिस व्यक्ति के चित्त में अभिमान हो, क्रोध हो, ईर्ष्या हो तो समझिये कि इस प्रकार के लोग क्या

किसी को सही मार्ग दर्शन दे सकते हैं अथवा किसी की सहायता कर सकते हैं मैं समझता हूँ कदापि नहीं। इंसान की इंसानियत हमेशा काम आती है। चाहे हम ऑटो में यात्रा कर रहे हों अथवा बस व ट्रेन में सफ़र कर रहे हों, चाहे हम किसी कार्यक्रम में समिलित हो रहे हों अथवा किसी सरकारी अथवा गैर सरकारी विभाग में नौकरी कर रहे हों हमें हर समय हर कदम पर हमारी इंसानियत ही हमें सम्मान दिलाती है। हम हर मोड़ पर झगड़े–फ़सादों से बचेंगे। हम बे मतलब की तर्क–वितर्क तथा बहस से बचेंगे। परिणाम यह होगा कि हम अपने घर पहुँच कर अपने को शांत व तनाव रहित पायेंगे। इतना ही नहीं इंसानियत के कारण ही किसी गाँव, शहर, राष्ट्रीय व अंतर्राष्ट्रीय स्तर पर भी शांति, सौहार्द व भाई चारे का वातावरण देखने को मिल सकेगा।

प्रिय सज्जनो! इंसानियत क्या होती है। यह इंसान के जीवन को किस प्रकार प्रभावित करती है। समाज में इसकी क्या उपयोगिता है। इन सभी बातों को विस्तृत रूप से समझने के लिए हमें इंसानियत के मूल तत्वों को गंभीरता पूर्वक समझना होगा। हमें इसकी गहराई में जाना होगा। इसकी फिलोस्फी जाननी होगी। इन सभी बातों को संज्ञान में लेते हुए

हम 'इंसानियत' की विस्तृत व्याख्या परिभाषाओं के माध्यम से अपनी बोल चाल की भाषा में निम्न प्रकार से प्रस्तुत कर रहे हैं–

- इंसानियत मनुष्य का वह बड़प्पन है जिसमें मनुष्य के अंदर एक श्रेष्ठ व्यक्तित्व का प्रादुर्भाव होता है।

- इंसानियत मनुष्य की वह गरिमा है जिसमें निष्ठा व समर्पण की सुगंध आती रहती है।

- इंसानियत मनुष्य के हृदय की वह दिव्य चेतना है जो मनुष्य को सन्मार्ग की ओर प्रेरित करती रहती है।

- इंसानियत लोगों को अच्छा सोचने–समझने व अच्छा करने का एक ऐसा सुअवसर है जिसका लाभ समूचे समाज को मिलने की संभावना रहती है।

- इंसानियत अपने इष्ट देव द्वारा प्रदान किया गया एक ऐसा अद्भुत व अनमोल उपहार है जिसको संजोयकर रखने से अपने अन्दर की क्रोधाग्नि शांत हो जाती है।

- इंसानियत अपने परम पूज्य गुरूदेव द्वारा प्रदान की हुई एक ऐसी संजीवनी है जिसका उपयोग

कर हम स्वयं तथा दूसरों को भी प्रसन्न रख सकते हैं।

- इंसानियत मानव अंतःकरण में मौजूद वह दैवीय गुण है जिसमें विनम्रता व सज्जनता जैसे श्रेष्ठ विचारों का भाव निहित होता है।

- इंसानियत मनुष्य के रोज़ मर्रा यानी दैनिक जीवन शैली का छोटा सा अंश है जिसमें ऊंच–नींच व छुआ–छूत जैसे निकृष्ट व संकीर्णतम् विचार धाराओं के लिए कोई स्थान नहीं होता है।

- इंसानियत सम्पूर्ण मानव जगत के लिए एक ऐसी अमूल्य निधि है जिसको संरक्षण देना हर इंसान का परम कर्तव्य है।

- इंसानियत मानव मस्तिष्क में मानवीय व नैतिक मूल्यों का समन्वय है जिसके द्वारा अच्छे संस्कारों का निर्माण होता है।

- इंसानियत मानव की एक ऐसी आध्यात्मिक सोच है जो समाज के सभी वर्गों के लोगों में पारस्परिक प्रेम और भाईचारे का भाव रखती है।

- इंसानियत मनुष्य की वह मनःस्थिति होती है जिसमें समरसता व विनय शीलता जैसे सद्गुण मौजूद रहते हैं।

- इंसानियत सृष्टि सृजन कर्ता द्वारा दिया हुआ वह सोपान है जो सुख, शांति व संतोष प्रदान करता है।

- इंसानियत मनुष्य की वह दिव्यता है जिसके द्वारा उसकी वाणी में मधुरता व सरलता का आभास होता है।

- इंसानियत मानव की वह मनोवृत्ति होती है जिसमें विनम्रता व उदारता जैसे मानवीय मूल्यों का दीदार होता है।

- इंसानियत मानव की वह सृजनात्मक व रचनात्मक सोच है जिसमें चिंतन और चरित्र का चित्रांकन परिलक्षित होता है।

- इंसानियत मनुष्य के वे सद्विचार हैं जो समय समय पर उसे सही मार्ग दर्शन प्रदान करते रहते हैं।

- इंसानियत मनुष्य की वह श्रेष्ठ तम् विचार धारा है जिसमें परमार्थ व परोपकार जैसे सद्गुणों का समावेश पाया जाता है।

- इंसानियत मनुष्य का वह सद्चिन्तन है जिसमें न तो जातिगत भावना होती है और न धर्म विशेष का प्रभाव होता है।

- इंसानियत इंसान को इंसान समझना तथा उसके साथ प्रेम व विनम्रता का व्यवहार करना ही इंसानियत है।

- इंसानियत मनुष्य की वह आदर्श सोच है जो दूसरों के दुःख–दर्द का अहसास कराती है।

- इंसानियत मानव अंतःकरण में छिपी हुई वह सहानुभूति है जो निःस्वार्थ भाव से पर सेवा में तत्पर रहती है।

- इंसानियत मानव अंतःकरण में प्रतिपादित वह दिव्य प्रकाश है जो उसे हर क्षण व हर पल प्रकाशित करता रहता है।

- इंसानियत मनुष्य के मस्तिष्क की वह स्वाभाविक उपज है जो उसे कुमार्ग से सत्मार्ग पर ले जाती है।

- इंसानियत मनुष्य के अंतःकरण में मौजूद वह संवेदनशीलता है जो उसकी सच्चाई और ईमानदारी की पहिचान बनती है।

- इंसानियत मनुष्य की वह आत्मीयता है जो दूसरों के सुख–दुःख को अपना सुख–दुःख समझती है।

- इंसानियत मनुष्य की वह संस्कृति है जो घर परिवार तथा समाज में एक सौहार्दपूर्ण वातावरण का निर्माण करती है।

- इंसानियत नैतिक मूल्यों से सराबोर एक ऐसी श्रेष्ठतम् मनो भावना है जिसमें दया, करुणा व श्रद्धा की एक झलक देखने को मिलती है।

- इंसानियत मनुष्य का वह सकारात्मक दृष्टिकोण है जिसमें अहम् जैसे विचारों का नितांत अभाव पाया जाता है।

- इंसानियत मनुष्य का एक आध्यात्मिक चिंतन है जिसमें न तो ईर्ष्या होती है और न नफ़रत से कोई वास्ता होता है।

इस प्रकार हम कह सकते हैं कि मानव जीवन में इंसानियत का एक अति महत्वपूर्ण स्थान होता है। इंसानियत के कारण इंसान समाज के बुजुर्गों व असहायों द्वारा ढेर सारा आशीर्वाद प्राप्त कर धन्य हो जाता है। साथ ही साथ वह सब की प्रशंसा का पात्र भी बन जाता है।

****

धर्म से क्या तात्पर्य है ? धर्म हमें क्या सिखाता है ?

जब कोई इंसान अपने दैनिक जीवन में किसी कार्य को किसी सिद्धांत के तहत अथवा किसी विशेष कार्य पद्धति के अनुसार संपन्न करता है तथा इन सिद्धांतों व कार्य पद्धतियों में इंसानियत, प्रेम व भाई–चारे की भावनाओं के साथ–साथ सुख, शांति व संतोष जैसी अनुभूतियाँ महसूस की जाती हों तब ऐसी स्थिति में इस सिद्धांतपूर्ण व आदर्श पूर्ण कार्य प्रणाली को ही हम अपनी बोलचाल की भाषा में "धर्म" कह सकते हैं। वैसे तो राष्ट्रीय व अंतर्राष्ट्रीय स्तर पर अनेकानेक धर्म मौजूद हैं जैसे– हिन्दू धर्म, मुस्लिम धर्म, ईसाई धर्म, सिख धर्म, जैन धर्म, पारसी धर्म, यहूदी धर्म आदि। हम यह भी जानते हैं कि इन सभी धर्मों के अंतर्गत उपयोग में आने वाले पूजा–साधना स्थल भिन्न भिन्न प्रकार के हैं। इनके पूजा–पाठ का विधि–विधान भी अपनी मान्यताओं व परम्पराओं के अनुसार अलग–अलग हैं। इन सभी धर्मों के अनुयायियों की भाषा, वेश–भूषा, खान–पान, रहन–सहन आदि सब कुछ भिन्न–भिन्न हैं। इतना सब कुछ भिन्न होने के बावजूद भी जब हम इन सभी धर्मों के विचारों, सिद्धांतों व आदर्शों पर चिंतन व

विश्लेषण करते हैं तो जहाँ तक हमारा विचार है कि इन सभी धर्मों की विभिन्नताओं में भी एकता व समानता की झलक दिखाई पड़ती है। वह है– इंसान में इंसानियत, मानवता एवं व्यवहार में शिष्टाचार का समावेश होना।

बंधुओ ! अब एक प्रश्न उभर कर आता है कि आखिर कार इन सभी प्रकार के धर्मों से सम्पूर्ण मानव समाज को क्या शिक्षा मिलती है। ये धर्म हमें क्या सिखाते हैं। इस प्रश्न का जवाब हम अपने अनुभवों का स्मरण करते हुए निम्न पंक्तियों में बिन्दुवार अभिव्यक्त करने जा रहे हैं–

धर्म हमें यह सिखाता है कि

• हम नित्य प्रातः व सायं अपने परम पूज्य गुरुदेव व अपने आराध्य का पावन स्मरण करें। उनकी स्तुति करें। उनके दिव्य दर्शन करें। व उनसे संवाद करें।

• हम अपने परम पूज्य गुरुदेव व अपने इष्ट देव के प्रति आस्थावान व निष्ठावान बनें।

• प्रातः कालीन जागरण में हम अपनी धरती माता को नमन करें, तत्पश्चात् अपने माता–पिता के चरण स्पर्श कर उनसे आशीर्वाद प्राप्त करें। साथ ही साथ

अपने से बड़ों का यथोचित अभिवादन करते हुए अपने दैनिक कार्यों में लग जावें।

• हम अपने परिवार में एक ऐसा सौम्य वातावरण बनायें जिससे सभी परिवारीजन पारस्परिक प्रेम से रहें। भाईचारे के साथ रहें। लड़ाई–झगड़ों से दूर रहें।

• हम सब के मन में इस प्रकार के भाव होने चाहिए कि हम सब एक ही परमेश्वर की संतान हैं। हमारे जीवन के लाभ–हानि, सुख–दुःख व जीवन–मरण सब उसी के हाथ का खेल है। यदि फिर भी हम तनाव में रहते हैं तो फिर यह हमारी अज्ञानता है।

• हमें अपने धर्म के संरक्षण एवं सुरक्षा के लिए अपने प्राणों को भी बलिदान करना पड़े तो भी हमें इसके लिए कदापि पीछे नहीं हटना चाहिए। साथ ही साथ दूसरे धर्मों का भी सम्मान करना चाहिए।

• वर्ष में जितने भी पर्व और त्यौहार आते हैं उन्हें बड़े ही श्रद्धा व तन्मयता के साथ एवं सौहार्द पूर्ण वातावरण में मनाना चाहिए।

- घर, परिवार तथा समाज में पूरी तरह से अनुशासन में रहें, बड़ों को यथोचित सम्मान दें तथा छोटों को प्यार दें।

- अनैतिक साधनों से धन अर्जित न करके ईमानदारी व परिश्रम से ही धन अर्जित करें तथा उसी धन से ही अपने परिवार का भरण–पोषण करें।

- अपने गाँव, कस्बों व शहरों में निवास करने वाले सभी धर्मों के बुजुर्ग, नौजवान, महिलाएं व बच्चे अपने ही बुजुर्ग,अपने ही भाई–बंधु,अपनी ही माता–बहनें व अपने ही बच्चों के समान हैं अर्थात् उनका सुख अपना ही सुख तथा उनका दुःख अपना ही दुःख समझें।

- हम अपने धन, बाहुबल अथवा अपने ज्ञान पर कदापि अहंकार न करें। क्योंकि अहंकार इंसान के विनाश का कारण होता है।

- हम किसी पर न तो क्रोध करें, न द्वेष करें तथा न किसी इंसान से नफ़रत करें। क्योंकि इन विकृतियों के कारण हमारे जीवन में न तो सुख मिलता है और न शांति मिलती है।

- भगवान की कृपा से हमें जो कार्य मिला है चाहे वह शिक्षण का हो, चिकित्सा का हो, कृषि का हो, व्यापार का हो, राजनीति का हो अथवा चाहे वह कार्य किसी भी प्रकार का क्यों न हो हमें वह कार्य बड़ी ही समझदारी, ईमानदारी, जिम्मेदारी तथा बहादुरी के साथ संपन्न करना चाहिए।

- इंसान को किसी भी परिस्थिति में जीव हिंसा नहीं करनी चाहिए। क्योंकि जीव हिंसा से पाप लगता है। अर्थात् अपने धर्म के अनुसार मनुष्य को अहिंसावादी होना चाहिए।

इस प्रकार हम कह सकते हैं कि धर्म एक ऐसा श्रोत है, एक ऐसा साधन है जिसके माध्यम से इंसान के अन्दर इंसानियत, प्रेम और भाई–चारा जैसे मानवीय मूल्यों से पूर्ण संस्कारों का निर्माण होता है। यही कारण है कि कोई भी धर्म लोगों को पारस्परिक लड़ाई–झगड़े एवं अमानवीय कृत्यों की स्वीकृति कदापि नहीं देता है।

तभी तो कहा गया है–

मजहब नहीं सिखाता,

आपस में वैर रखना।

मजहब हमें सिखाता,

आपस में प्रेम रखना।।

****

श्रेष्ठ आचरण भाईचारा

मंदिर, मस्जिद, गिरिजाघर हो,
           शांतिकुंज या हो गुरुद्वारा।
ये देवस्थान सिखाते हमको ,
           सदा रखें हम   भाईचारा।।

हिन्दू मुस्लिम, जैन धर्म हो ,
           ईसाई या सिक्ख धर्म हमारा।
ये सारे धर्म सिखाते हमको ,
           सदा रखें हम भाईचारा।।

राम, कृष्ण, महावीर स्वामी हों,
           चाहे मसीह, अल्लाह हमारा।
ये आराध्य सिखाते हमको ,
           आपस में हो भाईचारा।।

गीता, रामायण, बाइबिल, कुरान हो,
           या हो साहिब गुरुग्रंथ हमारा।
ये सारे ग्रन्थ सिखाते हमको,
           आपस   में   हो   भाईचारा।।

भिन्न भिन्न भाषाएँ जिसमें ,
           ऐसा है भारत देश हमारा।
इन सब भाषाओं में लिखा हुआ है,
           श्रेष्ठ आचरण भाईचारा।।

****

कलियुग की विचारधारा

सज्जनो, जिस सृष्टि सृजन कर्ता ने इस समूचे सृष्टि की रचना की है। इस विशालकाय ब्रह्माण्ड का निर्माण किया है। उसी परम् पिता परमात्मा ने इस ब्रह्माण्ड के सम्पूर्ण कालचक्र को चार भागों में विभक्त कर दिया है। इन चारों भागों में से प्रत्येक भाग को हम 'युग' कहकर पुकारते हैं। इस प्रकार ये चार युग हैं— सतयुग, त्रेतायुग, द्वापर युग व कलियुग। ये चारों युग क्रमशः एक दूसरे के बाद चक्कर लगाते रहते हैं। हर युग में मानव जीवन की परिस्थितियाँ बिलकुल भिन्न रहती हैं। हर स्थिति में मानव का चिंतन, चरित्र व व्यवहार अनेक रूपों में दिखाई पड़ता है। श्री रामचरितमानस के अनुसार सतयुग में सत्य बोलना उनकी प्राथमिकता में होता है। सदाचार, सहानुभूति, दया व करुणा उनके आदर्श होते हैं। 'संतोषी सादा सुखी' उनका सिद्धांत होता है। आध्यात्मिक दृष्टिकोण उनके दिल और दिमाग में प्रतिष्ठित होता है। सतयुग में अधिकाँश लोग ज्ञानी व योगी होते हैं। इस कारण वे अपने निराकार प्रभु को भजते हैं तथा उनका ध्यान करते हैं। उस निराकार प्रभु की उपासना, आराधना व साधना करके अपने जीवन को धन्य बनाते हैं। सतयुग में सत्यवादी राजा हरिश्चंद्र जन्मे थे। जिन्होंने

सत्यमार्ग पर चलते हुए अनेकानेक कष्ट सहे, मगर उन्होंने सत्य नहीं छोड़ा। सतयुग में विशुद्ध आचरण व खानपान के कारण जीवों की उम्र काफी होती थी। उनका स्वास्थ्य भी बहुत अच्छा होता था। उनके विचारों में सज्जनता, शालीनता व श्रेष्ठता जैसे गुण पाए जाते थे।

अब हम बात करते हैं, त्रेतायुग की। इस युग में उस समय यज्ञ की प्रथा प्रचलन में थी। लोग अपने मन को एकाग्र करने के लिए बड़े बड़े यज्ञ किया करते थे। कठोर से कठोर तप किया करते थे। यज्ञ के द्वारा जो शुभ कर्म प्राप्त होता था उसे प्रभु को समर्पित कर अपने मन में वैराग्य उत्पन्न किया करते थे। इस युग में मर्यादा पुरुषोत्तम भगवान श्री राम का प्राकट्य हुआ था। जिन्होंने अहंकार, क्रोध, ईर्ष्या व नफ़रत से परिपूर्ण बड़े से बड़े राक्षसों का वध करके इस मातृभूमि को आतातायी आसुरी शक्तियों से मुक्त कराया था।

तीसरा युग आता है– द्वापर युग। इस युग में घर घर पूजा–अर्चना का प्रचलन था। अपने मन को स्थिर करने के लिए लोग अपने आराध्य की पूजा अर्चना करते थे। उनकी आरती उतारते थे। अपने दैनिक पूजा पाठ से लोग अपने आराध्य के प्रति श्रद्धा

व विश्वास उत्पन्न करते थे। इस युग में योगीराज भगवान श्री कृष्ण प्रकट हुए थे। जिन्होंने इस व्रजभूमि में फैली हुई राक्षस प्रवृत्तियों का विनाश कर दैवीय शक्तियों की रक्षा की थी। इतना ही नहीं आपने महाभारत में एक अहम् भूमिका का निर्वहन करते हुए समूचे विश्व मानव को श्रीमद् भगवद् गीता का एक खास सन्देश भी दिया था।

अब हम बात करते हैं कलियुग की। जिसमें हम यह जानना चाहते हैं कि कलियुग की अवधारणा क्या है ? इसकी फिलौस्फी क्या है ? लोगों को ध्यान मग्न होने के लिए भगवान की भक्ति का क्या प्रारूप होगा ? इन उपरोक्त प्रश्नों का जवाब जानने के लिए श्रीरामचरितमानस की ओर अपनी दृष्टि डालते हैं जिसमें गोस्वामी तुलसी दास जी ने लिखा है–

कलियुग केवल हरिगुन गाहा,

गावत नर पावहि भव थाहा।

अर्थात् कलियुग में केवल हरि के नाम का उच्चारण करने मात्र से ही इंसान इस भव सागर से मुक्ति पा सकता है। आप पुनः लिखते हैं–

कलियुग जोग न जग्य न ग्याना,

एक अधार राम गुनगाना।

अर्थात् कलियुग में न तो कोई योग की आवश्यकता होती है, न यज्ञ की आवश्यकता होती है और न ज्ञान की ही आवश्यकता होती है। बल्कि मन को एकाग्र करने के लिए सिर्फ़ प्रभु का नाम ही काफी है। कहने का भाव यह है कि कलियुग में किसी भी प्रकार के कठिन यज्ञ, जप, तप, अनुष्ठान आदि के साथ साथ कठिन उपासना, आराधना व साधना की आवश्यकता नहीं है बल्कि प्रभु के नाम के सुमिरन मात्र से ही इंसान अपने वास्तविक लक्ष्य को प्राप्त करने में सफल हो जाता है।

कलियुग के वास्तविक स्वरूप को समझने के लिए शिव पुराण से लिया हुआ एक कथा प्रसंग याद आता है। एक समय की बात है जब श्री गंगा जी और कालिंदी के संगम महाक्षेत्र परम पावन प्रयाग में जहाँ मुनियों ने एक विराट सम्मलेन आयोजित किया था। तब महर्षि व्यास जी के परम पौराणिक शिष्य सूत जी के आगमन पर वहाँ उपस्थित सभी मुनियों ने अपने अपने स्थानों से खड़े होकर उनका यथोचित अभिवादन किया व पूजा अर्चना की। तदुपरांत उन्होंने हाथ जोड़कर यह विनती की कि हे मुनीश्वर! आप कृपया हमें यह बताने का कष्ट करें कि भविष्य में आने वाले कलियुग में इंसान का क्या स्वरूप होगा ? इंसान का चिंतन–चरित्र कैसा होगा ? उसकी

कार्यशैली क्या होगी ? तब सूत जी इन प्रश्नों को गंभीरता से लेते हुए सम्मेलन को संबोधित करते हुए कह रहे हैं कि हे बुद्धिमान ऋषियो –

• कलियुग में सभी प्राणी पाप–ताप से पीड़ित हो, सत्कर्म रहित, परनिंदक, चोर, परस्त्रीगामी, दूसरों की हत्या करने वाले, अभिमानी,आत्मज्ञान रहित, नास्तिक, माता–पिता से द्वेष रखने वाले तथा स्त्रियों के दास होंगे।

• कलियुग में बुद्धिजीवी लोग अपने ज्ञान व विद्या को बेचकर अपनी जीविका चलाने वाले, धन लोलुप,त्रिकाल संध्या न करने वाले, ब्रह्म ज्ञान से रहित, कृषक, क्रूर व मलीन स्वभाव के होंगे।

• कलियुग में ताकतवर लोग अपने धर्म के विपरीत कुसंगी और पाप परायण होंगे। साथ ही साथ भोगों की लिप्सा तथा कामनियों की दासता उनके जीवन का एक हिस्सा होंगे। गौ रक्षा व शरणागत की रक्षा से भी वे विरत होंगे। जीव हिंसा में भी उनकी रुचि होगी।

• कलियुग में व्यापार करने वाले लोग भी अपने धर्म का अनुपालन न करते हुए वस्तुओं की धोखाधड़ी

व उनमें मिलावट करने जैसे अनैतिक कार्यों में लिप्त रहेंगे।

• कलियुग में समाज सेवा करने वाले समाज सेवी लोग अपने धर्म को छोड़कर तिलक छाप ब्राह्मणों का सा आचरण करने वाले होंगे। वे नकली तपस्वी,सालिगराम आदि पाषाण पूजक, होमकर्ता, ब्राह्मणों के निंदक, दंभी और अभिमानी होंगे।

सज्जनो! कलियुग से सम्बंधित ये उपरोक्त विचार गोस्वामी तुलसीदास जी एवं पूज्य सूत जी महाराज के हैं। अब हम घर परिवार व समाज में रहते हुए एवं वर्तमान में घटित स्थितियों को संज्ञान में लेते हुए अपनी सरल भाषा में निम्न प्रकार से परिभाषित कर रहे हैं—

• कलियुग, मानव जगत की उस विचारधारा का नाम है जिसमें अहंकार, क्रोध, ईर्ष्या व नफ़रत जैसी विकृतियाँ अधिकाँशतः देखने को मिलती हैं।

• कलियुग, अखिल विश्व ब्रह्माण्ड में हलचल मचा देने वाला वह समय चक्र है जो कभी भी मानव के चित्त में अशांति, असंतोष, बेचैनी व तनाव पैदा कर सकता है।

- कलियुग एक ऐसा युग है जिसमें भ्रष्टाचार, अत्याचार, आतंकवाद, अपहरण, लूटमार, हत्याएँ व नशाखोरी जैसे कुकृत्य आये दिन देखने को मिलते हैं।

- कलियुग, समग्र सृष्टि को विचलित कर देने वाला वह तूफ़ान है जो मानव की दिव्य चेतना, सद्बुद्धि, स्वाभिमान व शिष्टाचार को बुरी तरह से झकझोर कर रख देता है।

- कलियुग चारों युगों में एक ऐसा युग है जिसमें अनैतिक कार्यों का बोलबाला, सम्प्रदायों के नाम पर झगड़े तथा धर्म के नाम पर पाखण्ड जैसी मनोवृत्तियाँ प्रायः देखने को मिलती हैं।

****

कलियुग का जनजीवन पर प्रभाव

प्रिय सज्जनो! पिछले अध्याय में हमने यह बताया है कि सृष्टिसृजनकर्ता ने इस समग्र सृष्टि के कालचक्र को चार भागों में विभक्त कर दिया है जिन्हें सतयुग, त्रेतायुग, द्वापर युग व कलियुग के नामों से जाना जाता है। सभी युगों में मनुष्यों की उम्र, उनकी जीवन शैली, पूजा–पद्धति तथा ईश्वर प्राप्ति के साधनों में आमूल चूल विविधिताएँ देखने को मिलती हैं। तीनों युगों के साथ साथ चौथे युग यानी कलियुग के बारे में भी संक्षिप्त प्रकाश डाला गया है जिसमें कहा गया है कि कलियुग मानव जगत की वह विचार धारा है जिसमें अहंकार, क्रोध, ईर्ष्या व नफ़रत जैसी विकृतियों का आधिक्य देखने को मिलता है। हमने पुनः बताया है कि कलियुग, विश्व ब्रह्माण्ड में हलचल मचा देने वाला एक ऐसा समय चक्र है जो मनुष्य के चित्त में अशांति, मन में द्वेष तथा मस्तिष्क में तनाव पैदा करता रहता है। तो फिर कलियुग की इन विशेषताओं को संज्ञान में लेते हुए इस अध्याय में हम इस बात पर चिंतन व चर्चा करेंगे कि कलियुग का समस्त मानव समाज पर क्या प्रभाव पड़ता है।

गोस्वामी तुलसीदास जी ने मानस के उत्तर काण्ड में कलियुग के प्रभाव का बड़ा ही सुन्दर वर्णन किया है। उन्होंने लिखा है–

सुनु खगेस कलि कपट हट,
दंभ, द्वेष, पाषंड।
मान , मोह, मारादि, मद,
व्यापि रहे ब्रह्माण्ड।।

अर्थात् काकभुशुण्डि जी गरुण जी से कह रहे हैं – हे गरुण जी सुनिए "कलियुग में कपट, हठ, दम्भ, द्वेष,पाखण्ड,मान, मोह और काम आदि मद समस्त ब्रह्माण्ड में व्याप्त हो गये।"

कलियुग के प्रभाव का वर्णन करते हुए गोस्वामी तुलसीदास जी ने पुनः लिखा है–

नर पीड़ित रोग न भोग कहीं,

अभिमान विरोध अकारन ही।

लघु जीवन संवतु पंच दसा,

कलपांत न नास गुमानु असा।।

अर्थात् कलियुग में मनुष्य अधिकाँशतः बीमार रहते हैं। मनुष्य को सुख कहीं भी नज़र नहीं आता। बिना किसी कारण के लोग अहंकार और विरोध करते हैं। मात्र दस पाँच वर्ष का छोटा सा जीवन है परन्तु

उनमें घमण्ड इतना है कि मानो प्रलय होने पर भी उनका नाश नहीं होगा।

आप पुनः लिखते हैं–

कलि काल विहाल किये मनुजा,

नहिं मानत क्वौं अनुजा तनुजा।

नहि तोष विचार न सीतलता,

सव जाति कुजाति भये मगता।।

अर्थात् कलियुग के प्रभाव ने मनुष्य को इतना बेहाल कर दिया है कि किसी की दृष्टि में भी अपनी बहिन–बेटियों का कोई सम्मान नहीं है। किसी के मन में न तो संतोष है, न विवेक है और न शीतलता है। सभी वर्गों के लोग भीख मांगते देखे गए हैं।

आप पुनः लिखते हैं–

इरिषा परुषाक्षर लोलुपता,

भरि पूरी रही समता विगता।।

सब लोग वियोग विसोक हुए,

वरनाश्रम धर्म अचार गए।।

अर्थात् कलियुग में मनुष्य के अन्तःकरण में ईर्ष्या,कडुवे वचन तथा लालच भरपूर हो रहे हैं। प्रेम और भाईचारे

में कमी आती दिखाई देती है। सभी शोक और वियोग में डूबे रहते हैं। वर्णाश्रम व्यवस्था व धर्माचरण सब कुछ जाता हुआ नज़र आने लगता है।

आप पुनः लिखते हैं दृ

दम, दान, दया, नहिं जान पनी,

जड़ता पर वंचन ताति घनी।

तनुपोषक नारि नरा सगरे,

परिनिन्दक जे जग मोवगरे।।

अर्थात् काक भुशुण्डि जी पक्षिराज गरुण जी से कह रहे हैं कि हे गरुण जी, सुनिए ! कलियुग में धर्म का आचरण, इन्द्रियों का दमन, दान, दया और समझदारी किसी इंसान में भी नहीं रहती है। अधिकाँश लोग अपने शरीर के पालन–पोषण में ही लगे रहते हैं। दूसरों को मूर्ख बनाना और ठगना ही उनका काम रह गया है। जो दूसरों की निंदा करते हैं, संसार में वे ही फैले हुए हैं।

सज्जनो! कलियुग के विषय में उपरोक्त उद्गार जो गोस्वामी तुलसी दास जी ने अपने 'श्रीरामचरितमानस' में प्रगट किये हैं, वे यथार्थ हैं व वास्तविक हैं। उन्होंने कलियुग की संक्षिप्त रूप रेखा जनमानस के सम्मुख प्रस्तुत कर दी है। इसमें उन्होंने

जनता जनार्दन पर पड़ने वाले कलियुग के प्रभाव को अपने समय अवधि में ही परिभाषित कर दिया था। जो आज भी सब प्रकार से प्रासांगिक है। गोस्वामी जी द्वारा अपनी मानस में लिखे हुए वक्तव्यों को आत्मसात् करते हुए वर्तमान समय में जो कुछ भी हम प्रत्यक्ष व परोक्ष रूप से देख रहे हैं अथवा श्रवण कर रहे हैं तथा जन–जीवन पर कलियुग के पड़ने वाले प्रभाव का आत्म निरीक्षण कर रहे हैं। परिणाम स्वरूप जो हमें अनुभव और अनुभूतियाँ उपलब्ध हो रही हैं, उन्हें हम अपनी सरलतम् भाषा शैली में निम्न पंक्तियों में व्यक्त करने जा रहे हैं–

वर्तमान में हमें यह प्रायः देखने को मिलता है कि घर–परिवार में भाई–भाई में, पति–पत्नी में, बाप–बेटे में अथवा सास–बहू में किसी न किसी बात को लेकर आये दिन झगड़े देखने व सुनने को मिलते ही रहते हैं। आपस में अक्सर तू–तू–मैं–मैं होती ही रहती है। परिवार में माता–पिता का स्थान सबसे ऊँचा व सम्मान जनक माना जाता है। परन्तु आज वह सम्मान नहीं मिल पा रहा है। पति–पत्नी का तो प्रेम का संबंध है, आस्था, विश्वास और संस्कृति का संबंध है। जीवन भर साथ निभाने वाला एक अटूट संबंध है। परन्तु उसमें भी धीरे–धीरे बिखराव आता जा रहा है। आपस में मतभेद दिखाई दे रहे हैं। कभी

कभी तो परिवार टूटने की कगार पर पहुँचते नज़र आते हैं। यह सब क्या है। यह सब हमारे विचार से कलियुग का ही असर है।

विशेषकर शहरी इलाकों में बलात्कार की घटनाएँ आये दिन देखने को मिलती हैं। कितनी विडंबना है कि हमारे जिस समाज में माँ, बहनों व बेटियों को कितनी सम्मान की दृष्टि से देखा जाता था , जिन्हें देवियों जैसा स्थान दिया जाता था। बड़े शर्म की बात है कि आज उनके साथ सरे आम अपहरण करके बलात्कार किया जा रहा है। बलात्कार के बाद उनकी हत्या भी कर दी जाती है। यानी आज के समय में माँ–बेटियों की अस्मिता को नष्ट करने में जिस तरह इंसान द्वारा बेशर्मायी की सीमा लांघ दी गयी है वह न तो सहनीय है और न क्षमा के योग्य है। यह सब हमारे विचार से कलियुग का ही प्रभाव है।

जब राष्ट्रीय तथा अंतर्राष्ट्रीय स्तर पर हम अपनी दृष्टि डालते हैं तो सुनने को मिलता है कि आतंकियों द्वारा कभी दिल्ली में हमला हो रहा है, कभी मुंबई में हमला हो रहा है तो कभी पाकिस्तान में हमला हो रहा है तो कभी अमेरिका में हमला हो रहा है। यानी आतंकवादियों द्वारा बेगुनाहों के साथ

किस कदर खूनी खेल खेला जा रहा है जिसको सुनकर हर इन्सान का दिल दहल जाता है। यह सब कलियुग का ही असर जान पड़ता है।

जब हम शिक्षा क्षेत्र में अपनी दृष्टि डालते हैं तो हमें यह देखने व सुनने को मिलता है कि कभी कभी शिष्य अपने गुरुजनों का घोर अपमान कर डालते हैं। चाहे छात्रों पर अनुशासन की सख्ती का मामला हो, चाहे परीक्षाओं में अनुचित साधनों के प्रयोग पर सख्त पाबन्दी लगाने का मामला हो, हर परिस्थिति में छात्र अपने गुरुजनों का अनादर करने में कोई कसर नहीं छोड़ते। जब कि शिक्षक हमारे "पूज्य गुरुजी" हैं। समाज में उनका स्थान सर्वोच्च माना जाता है। यह भी कलियुग का ही प्रभाव है।

यदि हम विज्ञान जगत की बात करें तो हम देखते हैं कि विश्व के कुछ वैज्ञानिकों के मस्तिष्क में कलियुग का असर देखने को मिलता है। जिसके कारण अपने अपने राष्ट्र के विकास में सर्बाधिक योगदान के साथ साथ उन सब की सोच यही रहती है कि हम किस तरह का आयुध तैय्यार करें कि वह अपनी अपार शक्ति के आधार पर दूसरे अन्य राष्ट्रों के अधिक से अधिक जन समूहों में जाकर तबाही मचा दें तथा उन्हें मौत के घाट उतार सकें।

यदि हम सिनेगा जगत की बात करें तो हमें यह देखने को मिलता है कि यह विभाग भी कलियुग के प्रभाव से अछूता नहीं है। क्यों कि हर फिल्म में हर गाने के साथ में कुछ ऐसे दृश्य दिखाए जाते हैं जिनको समाज के अधिकांश बुजुर्ग लोग देखना तक पसंद नहीं करते हैं। ये दृश्य अश्लीलता से भरे हुए होते हैं। जब दूरदर्शन के विज्ञापन पर नज़र जाती है तो अश्लीलता की पराकाष्ठा ही देखने को मिलती है। यह सरासर हमें जन्म देने वाली हमारी परम् पूज्य माँ का घोर अपमान है। जिसको सारा समाज मजबूरी वश सहन कर रहा है। तो फिर यह कलयुग का ही असर है।

व्यापार जगत में भी कलयुग का थोड़ा बहुत असर देखने को अवश्य मिलता है। कहीं कहीं पर खाद्य पदार्थों में मिलावट के मामले देखने या सुनने को मिल ही जाते हैं। विशेषकर त्यौहारों के समय तो अवश्य ही मिल जाते हैं।

इधर हमें यह भी देखने को मिलता है कि शराब का सेवन करने के उपरांत कुछ लोग अपने परिवार में ही अपने बुजुर्गों, महिलाओं व बच्चों के साथ किस तरह मारपीट करते हैं। उनके साथ गाली-गलौज करते हैं व अभद्र भाषा का इस्तैमाल

करते हैं। इतना ही नहीं वे अपने पड़ोसी बुजुर्ग लोगों के साथ भी दुर्व्यवहार करने में नहीं चूकते हैं। यह कितनी शर्म की बात है। तो फिर यह सब कलियुग का ही असर है।

अंत में हम यह कह सकते हैं कि मानव जीवन में कलियुग का प्रभाव पड़ता हुआ स्पष्ट नज़र आ रहा है। जिसके कारण मानव परिवार में रहते हुए अपने को अशांत और तनाव युक्त महसूस कर रहा है।

*****

वर्तमान में धार्मिक कर्मकाण्डों का भारी प्रचलन

प्रिय सज्जनो! पिछले अध्याय में हमने यह बताने का प्रयास किया है कि कलियुग मनुष्य के जीवन को किस तरह प्रभावित कर रहा है। यह मनुष्य के जीवन को ही नहीं बल्कि मानवीय मूल्यों व मानवीय संस्कृति को भी किस तरह तार–तार कर रहा है। हम अपने दैनिक जीवन में भी व्यावहारिक रूप से यह देखते हैं कि किस तरह फिल्मों में गानों के साथ अश्लीलता दिखाई जाती है। किस तरह उद्योगपति एवँ कम्पनी मालिक अपने विज्ञापनों में महिलाओं का प्रयोग करते हैं। टैंम्पो व प्राइवेट बसों में किस क़दर गंदे और भद्दे गानों को सुनाया जाता है। दुकानों पर भी लटके हुए बोर्ड किस तरह की संस्कृति का वयां कर रहे हैं। दिन दहाड़े सरेआम लूटपाट करना, बैंक लूटना, महिलाओं के साथ बदसलूकी करना, चाहे किसी के साथ दुर्व्यवहार करना, गाली गलौज़ करना, दबंगई दिखाना, नशे में गाड़ी चलाना फिर ऐक्सीडेंट करके चले जाना आदि ऐसे कुकृत्य हैं जो निश्चय ही कलियुग से प्रभावित हैं।

सज्जनो! कलियुग के इस भीषण प्रभाव को कम करने के लिए हमारे पूज्य विद्वानों ने वर्तमान में

पूजा–पाठ, सत्संग आदि कर्मकाण्डों की एक जबरदस्त मुहिम चला रखी है। यह एक अच्छी बात है। यह एक स्वागत योग्य कदम है।

सर्व प्रथम हम हिन्दू धर्म की चर्चा करते हैं तो हमें यह देखने को मिलता है कि हिन्दू भाई–बहनों में अपने धर्म के प्रति कितनी श्रद्धा व आस्था है। सभी माता–बहनें अपने इष्टदेव के दर्शन व पूजन करने के लिए अपनी अपनी फुर्सत के अनुसार मंदिरों में जाती हैं। अपनी अपनी आस्थाओं के अनुसार कोई शिव मंदिर में जाती हैं।, कोई भगवान राम के मंदिर में जाती हैं तो कोई भगवान कृष्ण के मंदिर में जाती हैं। बहुत से भाई–बन्धु अपनी मनोकामनाओं को पूर्ण करने हेतु साईंबाबा के मंदिर में भी जाते हैं। महीने की हर पूर्णमासी को पतित पावन श्री गंगा जी के सानिध्य में बहुत बड़ी संख्या में श्रद्धालु स्नान करने जाते हैं। विशेष पर्व पर तो वहां अपार भीड़ देखने को मिलती है। आषाढ़, सावन व भादों के महीनों में गोवर्धन पर्वत की परिक्रमा लगायी जाती है। वहाँ पर भी लाखों की संख्या में श्रद्धालु लोग बड़ी दूर–दूर से गोवर्धन पर्वत की परिक्रमा करने पहुँचते हैं।

इसी क्रम में हमारे देश में अनेकानेक ऐतिहासिक व धार्मिक स्थल हैं। जहाँ पर भी हिन्दू

समाज के लोग दर्शन करने के उद्देश्य से वहाँ पर जाते हैं। ये स्थान हैं– मथुरा में द्वारिकाधीश का मंदिर, श्री कृष्ण–जन्मभूमि, वृन्दावन में रंग जी का मंदिर व बांके विहारी जी का मंदिर। इसी क्रम में श्री राम जी की नगरी अयोध्या में श्री राम जन्मभूमि, हरिद्वार में शांति कुंज, भारत माता का मंदिर, मनसा देवी व चंडी देवी के मंदिर हैं। इसके अतिरिक्त बहुत से श्रद्धालु जाहर वीर बाबा, केला करौली व चौंढ़रे बेला की जात करने जाते हैं। सज्जनो, अब आप सोचिये कि इतनी लम्बी यात्राओं का सफर तय करने में कितना समय लगता होगा तथा लोगों को कितनी परेशानी उठानी पड़ती होगी। ऐसा हमारी समझ से परे है। लेकिन हमने देखा है कि उनमें से सभी यात्री चाहे स्त्री हों, चाहे पुरुष हों अथवा चाहे बच्चे हों, बड़ी ही प्रशन्नता के साथ यात्रा करते हैं। हमने यह भी देखा है कि उस दौरान बसों में, ऑटो में, रेलों में भारी भीड़ रहती है। यहाँ तक कि उन यात्रियों को रेलवे स्टेशनों पर अथवा बस अड्डों पर भी जमीन पर ही सोकर सारी रात्रि काटनी पड़ती है।

सज्जनो! इधर हम यह भी देखते हैं कि गाँव, कस्बों व शहरों में आये दिन श्री मद्भागवत कथा, श्री राम कथा, गौ कथा, विष्णु पुराण कथा, गायत्री यज्ञ व विष्णु यज्ञों के कार्यक्रम होते ही रहते हैं।

इसके अतिरिक्त अखण्ड–रामायण का पाठ, श्री सत्य नारायण की कथा, हनुमान चालीसा का पाठ, शिव पुराण कथा के आयोजन भी आये दिन होते ही रहते हैं। इतना ही नहीं इन कार्यक्रमों को बड़े–बड़े पांण्डालों में एक बहुत ही सुन्दर व चाकचौकंद व्यवस्था में योग्य व अनुभवी पूज्य आचार्यों द्वारा कराया जाता है। इनमें से कुछ कार्यक्रमों को टी.वी. चैनलों पर भी दिखाया जाता है। जिनको घर बैठे लाखों लोग श्रवण करते हैं तथा आनंद लेते हैं। ध्यान देने की बात यह है कि इन कार्यक्रमों में कितना धन खर्च होता है, इसका अनुमान लगाना बड़ा ही कठिन काम है। यह सब लोगों की अपने धर्म के प्रति श्रद्धा व आस्था का प्रतीक है।

जहाँ तक सत्संग का सवाल है हमारे देश में गुरु–शिष्य की परम्परा वर्षों से चली आ रही है। यह एक अच्छी बात है। इस परम्परा के अंतर्गत गाँवों व शहरों के लोग अपनी अपनी स्वेच्छा से किन्हीं पूज्य संत महात्माओं, आचार्यों व धार्मिक कथा वक्ताओं को विधि–विधान के अनुसार अपना गुरु स्वीकार कर लेते हैं और उनसे गुरू मंत्र प्राप्त कर लेते हैं। यह गुरू दीक्षा का कार्यक्रम सपरिवार संपन्न किया जाता है। तत्पश्चात् इन पूज्य गुरूदेव द्वारा होने वाले कार्यक्रमों में उन्हें श्रवण करने के लिए सभी लोग

समिलित होते हैं। ये कार्यक्रम हैं—गायत्री परिवार का कार्यक्रम, राधास्वामी का कार्यक्रम, आर्ट ऑफ लिविंग का कार्यक्रम जगतगुरू कृपालु जी महाराज का कार्यक्रम, ब्रह्मा कुमारी ईश्वरीय विश्वविद्यालय का कार्यक्रम आदि। हमें यह भी याद रखना होगा कि ये सभी कार्यक्रम मनोरंजन के लिए नहीं बल्कि मस्तिष्क में मौजूद कलियुगी प्रभाव को कम करने के लिए ही किये जाते हैं।

सज्जनो ! जब हम अपने देश की तांत्रिक विद्या पर बिचार करते हैं तो हमें यह देखने को मिलता है कि हमारे तांत्रिक भाई भी अपनी तांत्रिक विद्या के द्वारा मानव सेवा बखूबी से करते आ रहे हैं। जो भी उनके पास आता है उन्हें कुछ खास पूज—पाठ करने के लिए निर्देश देते हैं। इधर हम यह भी देखते हैं कि हमारे देश की ज्योतिष विद्या भी बेजोड़ है। यह भी मानव सेवा करने में पूर्ण सक्षम है। ये हमारे ज्योतिषी भाई अपने पास आने वाले सभी परेशान लोगों को कुछ खास पूजा पाठ करने का निर्देश देकर उन्हें सांत्वना के साथ वापिस कर देते हैं।

अब हम जैन धर्म की चर्चा करते हैं। यह कितना पवित्र धर्म है। अहिंसा परमोधर्मः इसका आदर्श है। अहिंसा का अर्थ है हिंसा न करना, लड़ाई झगड़ा

न करना तथा प्रेम व भाई चारे से रहना। जैन धर्म के प्रवर्तक व संस्थापक हैं–परम् पूज्य महावीर स्वामी जी। परम् पूज्य महावीर स्वामी जी कोई साधारण इंसान नहीं हैं बल्कि एक असाधारण व्यक्तित्व है। ये वर्तमान में ऋषि हैं। साक्षात् देवता हैं। भगवान हैं। इन्हें अपनी इन्द्रियों पर पूर्ण नियंत्रण है। चाहे भीषण गर्मी हो चाहे भीषण सर्दी हो अर्थात् चाहे भीषण गर्मी में तपती दोपहरी हो, चाहे ठिठुरन भरी शीतलहर हो। इन हमारे ऋषियों मुनियों की सेहत पर कुछ भी फ़र्क पड़ने वाला नहीं है। ऐसे परमपूज्य ऋषियों को हमारा शत्शत् प्रणाम। जिन्होंने कलियुग के प्रभाव को कम करने के लिए उच्चस्तरीय साधनाएँ करके सर्वप्रथम अपनी इन्द्रियों पर पूर्ण नियंत्रण किया। तत्पश्चात् उन्होंने मानव सेवा का संकल्प लिया। जैन धर्म के प्रखर व ओजस्वी वक्ता परम् पूज्य तरुण सागर जी महाराज की ओजस्वी वाणी को श्रवण करिए तो आपको महसूस होगा कि आप कितने आत्मविश्वास के साथ धाराप्रवाह प्रवचन करते हैं। आप अहंकार क्रोध, ईर्ष्या व नफ़रत जैसी बुराइयों पर किस क़दर जबरदस्त प्रहार करते हैं। जिसका जनमानस के अंतर्मन पर सीधा सीधा प्रभाव देखने को मिलता है।

सज्जनो, अब हम मुसलिम धर्म की चर्चा करते हैं तो हम यह देखते हैं कि मुस्लिम धर्म एक पवित्र

और अनुशासित धर्म है। इस धर्म के प्रवर्तक व संस्थापक मु.पैगम्बर हैं। इस धर्म में अनुशासन के साथ साथ समय का बहुत बड़ा महत्व है। इस धर्म में नमाज़ पढ़ने का ही एक आदर्श प्रचलन है। रमजान के दिनों में सभी मुस्लिम भाई बहनें बड़ा ही कठोर व्रत रखते हैं। इसमें तो जल से भी परहेज़ रखना पड़ता है। ईद के अवसर पर तो सभी मुस्लिम भाई बन्धु समाज में अमन–चैन व भाईचारे के लिए अल्ला ताला से दुआ मांगते हैं। इनका मुख्य पवित्र ग्रन्थ है कुरान–शरीफ़।

अब हम ईसाई धर्म पर विचार करते हैं तो जानकारी के अनुसार इस धर्म के प्रवर्तक व संस्थापक पूज्य ईसामसीह हैं। इस धर्म के अनुसार ब्रह्माण्ड में एक सर्व शक्तिमान शक्ति है जिसने इसकी रचना की है। वह है परमेश्वर। इस धर्म के अनुसार हम सब परमेश्वर की संतान हैं। परमेश्वर हमसे सदैव प्रेम करता है। ईसाई धर्म का मुख्य पवित्र ग्रंथ बाइबिल है तथा इसका धार्मिक स्थल है–गिरिजाघर अथवा चर्च।

अब हम सिख धर्म की बात करते हैं तो हम इससे भलीभांति परिचित हैं कि यह कितना पवित्र धर्म है। गुरुद्वारा इनका धार्मिक स्थल है। गुरुग्रंथ

साहिब इनका मुख्य ग्रंथ है। गुरुद्वारे में सभी भक्त जन मत्था टेक कर ही प्रवेश करते हैं। गुरुद्वारे में सैकड़ों हजारों अनुयायी भाई बहनें सुबह शाम मत्था टेकने जाते हैं तथा उसमें होने वाले कार्यक्रमों में भाग लेते हैं।

इस प्रकार हम देखते हैं कि कलियुग के प्रभाव को कम करने के लिए हमारे देश के भिन्न भिन्न धर्मों के धर्माचार्य, ज्योतिषी, तांत्रिक, समाजसेवी संस्थाएं,साधू–संत, आचार्य कथा वाचक आदि पूरी मुस्तैदी के साथ लगे हुए हैं। इन सबका एक ही उद्देश्य है कि वर्तमान में घर–परिवार व समाज में जो विकृतियाँ फैली हुई हैं, आपस में जो वैमनस्यता फैली हुई है, जो नफ़रत फैली हुई है तथा असहिष्णुता की भावनाएँ देखने को मिल रही हैं। इन्हें समाप्त कर एक ऐसा सौहार्द पूर्ण वातावरण बनाकर तैय्यार करना, जिससे जन जीवन में खुशहाली आये तथा सबको सुख, शांति, संतोष, समृद्धि व सम्मान प्राप्त हो सके।

*****

परिवार और समाज में अशांति और असंतोष

पिछले अध्याय में हमने यह बताने की कोशिश की है कि घर, परिवार और समाज में सुख–शांति व सन्तोष प्राप्त करने के लिए देश और विदेश में न जाने कितनी समाज सेवी संस्थाएँ बड़ी ही तत्परता के साथ कार्यरत हैं। विशालतम् आश्रमों के संस्थापक, साधू–संत, तपस्वी, मनीषी, आचार्य, प्रखर प्रवक्ता, विद्वान व भिन्न–भिन्न धर्मों के धर्माचार्य आदि सभी सक्रिय हैं। इन समाज सेवी संस्थाओं के कार्यक्रमों पर गंभीरता से चिंतन करने के उपरांत हमने यह निष्कर्ष निकाला है कि इन संस्थाओं के मुख्य उद्देश्य निम्नलिखित हैं–

• घर, परिवार और समाज में सुख, शांति और संतोष की स्थापना करना।

• इंसान को सद्मार्ग पर चलाकर उन्हें स्वर्ग जैसा आनंद दिलाना।

• मानव हृदय में देव स्थापना कराकर उनके चित्त में मौजूद कषाय–कल्मषों का परिष्कार करना।

* इंसान को इंसानियत के साथ जीना सिखाना तथा उसे मानवता व संस्कृति का पाठ पढ़ाना।

* इंसान को अहंकार, क्रोध, ईर्ष्या व नफ़रत जैसी बुराइयों से मुक्ति दिलाना।

हमारे उपरोक्त इन मनीषियों ने बिना किसी आलस के, बिना रुके, बिना थके, कठोर तपस्या कर व संयम में अपने को ढालकर एवँ सख्त अनुशासन का पालन करते हुए अपने धर्म और संस्कृति की किस तरह रक्षा की है। ऐसे महान पूज्य तपस्वियों को हम कोटि कोटि नमन करते हैं,अभिनन्दन करते हैं।

जब हम घर, परिवार और समाज के वातावरण पर दृष्टि डालते हैं तथा वहाँ के परिवारों की मनःस्थिति का परिकलन करते हैं तो मालूम होता है कि घर–परिवार व समाज के अधिकांश लोगों के दिल व दिमाग में, उनकी बुद्धि व विवेक में एवँ उनके स्वभाव व आदत में कोई खास परिवर्तन देखने को नहीं मिलता है। जब हम तांगा, ऑटो, बस व रेल से यात्रा करते हैं तो वहाँ पर हमें भिन्न भिन्न जातियों व धर्मों के लोगों से स्वतः ही मुलाकात हो जाती है। जब वे यात्रीगण आपस में वार्तालाप करते हैं तो वे अपने परिवार की समस्याओं को लेकर ही अपनी बात

प्रारंभ करते देखे गए हैं। ऐसी स्थिति में यह सुनने को आता है कि उनमें से कोई अपने पुत्र से परेशान है, कोई अपनी पुत्र–वधू से परेशान है। तो कोई अपनी माँ से, कोई अपने पिता से तथा उनमें से कुछ अपने जीवन साथी अपनी पत्नी से परेशान हैं। उन में से मौजूद महिलाएँ तो अपनी गाथा सुनाते सुनाते अपनी आँखों में आँसू तक भर लाती हैं। इसके अतिरिक्त हम देखते हैं कि जब कभी महिलाएँ अपने पास पड़ोस में, अपने गाँव में अथवा कस्बे में किसी कार्यक्रम में सम्मिलित होती हैं तो वे महिलाएँ अपने अपने परिवारों में व्याप्त अशांति, असंतोष व अपने गृहक्लेश का रोना अवश्य रोती हैं। बैसे तो टी.वी. . रेडियों व समाचार पत्रों के माध्यम से घर, परिवार व समाज के लोगों के मध्य होने वाली घटनाओं की जानकारियां तो आये दिन मिलती ही रहती हैं।

कहने का तात्पर्य यह है कि वर्तमान में घर–घर, पूजा–पाठ का जबरदस्त प्रचलन है। समय समय पर स्थान स्थान पर सत्संग के विशाल कार्यक्रम संचालित होते ही रहते हैं। भिन्न–भिन्न धर्मों के लोग अपने अपने धार्मिक स्थलों में जाकर यथोचित पूजा–अर्चना करते हैं। नियमित रूप से अपनी हाज़िरी लगाते हैं। परन्तु खेद का विषय है कि इतना सब कुछ होते हुए भी इंसान के स्वभाव व आदतों में किसी

भी प्रकार का बदलाव व सुधार देखने को नहीं मिलता है। उसके अहंकार में किसी भी प्रकार की कमी नज़र नहीं आती है। बल्कि जैसे जैसे उसके पास धन–दौलत बढ़ती जाती है उसका अहंकार भी उसी अनुपात में ही बढ़ता हुआ नज़र आता है।

इस प्रकार हम देखते हैं कि एक तरफ धार्मिक कर्मकाण्ड, पूजा–पाठ, सत्संग, कीर्तन, प्रवचन तथा कथाओं का प्रचलन जिस प्रकार तेजी से बढ़ रहा है तो दूसरी तरफ घर–परिवार तथा समाज में अशांति और असंतोष की आंधी समूचे धरातल पर इस प्रकार चल रही है कि गाँव, कस्बों, शहरों एवं महानगरों में निवास करने वाले अधिकाँश परिवार इसकी चपेट में आ ही जाते हैं। अशांति और असंतोष की यह आंधी जब आती है तब यह नहीं देखती कि कौन अमीर है कौन गरीब है। कौन डॉक्टर है कौन इंजीनियर है। कौन अध्यापक है कौन वकील है। कौन नेता है कौन अभिनेता है। कौन आचार्य है कौन महापुरुष है। कौन तांत्रिक है कौन ज्योतिषी है। कौन कथाकार है कौन कलाकार है। कहने का तात्पर्य यह है कि अशांति और असंतोष के भीषण प्रभाव ने इंसान को इस तरह पंगु व बेचैन बना दिया है कि उसका अपना जीवन दुखदायी बनकर रह गया है। उसके मन व मस्तिष्क में चिंता व तनाव की लकीरें स्पष्ट दिखाई देती हैं।

सब कुछ होते हुए भी उसे अपना हँराता मुस्कराता जीवन उदासीन व निराशाजनक महसूस हो रहा है।

हालाँकि समाज का लगभग हर इंसान अपने अपने घरों में विधिवत परम्पराओं के अनुसार अगरबत्ती,धूपबत्ती व घी का दीपक जलाकर अपने भगवान की पूजा–अर्चना करता है। उसकी आरती उतारता है। मंत्र जप करता है। अनुष्ठान कराता है। ब्रत व कथा में अपनी सुविधानुसार भाग भी लेता है। लेकिन इतना सब कुछ करने के बाद भी इंसान को घर, परिवार व समाज में रहते हुए आत्म संतुष्टि नहीं मिल पाती है। उसका मन जितना प्रशन्न होना चाहिए उतना नहीं हो पाता है। उसका अंतःकरण हर्ष और उल्लास से परिपूर्ण नहीं हो पाता है। उसका हृदय खुशियों से गद्गद् नहीं हो पाता है। उसके चेहरे पर जितनी मुस्कराहट आनी चाहिए नहीं दिखाई पड़ती। उसके चित्त में स्थिरता का अभाव देखने को मिलता है। वह क्षणिक समय के लिए सुख का अनुभव तो अवश्य करता है परन्तु अपनी जिंदगी का वास्तविक आनंद प्राप्त करने में प्रायः असमर्थ ही रहता है।

बैसे तो हर इंसान अपने परिवार के रहने के लिए मकान की व्यवस्था करता है। पहनने के लिए

वस्त्रों की व्यवस्था करता है। बच्चों की पढ़ाई के लिए कॉपी—किताब और फीस की व्यवस्था करता है। परिवार में प्रयोग आने वाले अन्य साधनों को भी जुटाता है। इन सब के लिए वह यथोचित धनोपार्जन भी करता है। परन्तु इतना सब कुछ करने के बाद उसकी यह इच्छा भी होती है कि परिवार में भाई—भाई प्रेम से रहें। पुत्र और पुत्र वधुएँ आपस में प्रेम से रहें। बाप—बेटों में मधुर संबंध रहे। सास—बहू में सामजस्यता की भावना हो। इतना ही नहीं पड़ोसियों से भी उसके संबंध भाईचारे के हों। परिवार तथा पड़ोस में होने वाले लगभग सभी कार्यक्रमों में सब लोग बड़े ही प्रेम पूर्वक समिलित हों। खुशियाँ मनायें व कार्य में सहयोग करें। सम्मान दें व सम्मान पायें। आशीर्वाद दें व आशीर्वाद लें।

तो देखिये उस इंसान की कितनी अच्छी सोच है, कितना गहन चिंतन है, कितनी सारगर्भित भावनाएँ हैं एवँ कितने ऊँचे उसके आदर्श हैं। इस आत्म—चिंतन से उसे कितना आनंद आता होगा, उसे कितनी शांति मिलती होगी, उसका मन कितना प्रशन्न होता होगा यह तो वही जानता है। लेकिन यह देखने को मिलता है कि उसके विचारों को उसकी सोच व उसकी भावनाओं को जब धरातल पर व्यवहारिक रूप देने का समय आता है तो उसे निराशा ही हाथ

लगती है। उसे अपने को असहाय और अकेलापन महसूस होता है। ऐसी स्थिति में उसे अपने सुन्दर विचार, अपना उत्कृष्ट चिंतन, अपनी मार्मिक सोच यह सब कुछ स्वप्न जैसे लगने लगते हैं। क्योंकि उसे परिवार में अशांति, पड़ोस में अशांति, ऑफिस में अशांति, यानी समाज भर में अशांति ही अशांति नज़र आती है। तो फिर हम सबको मिलकर यह देखना होगा कि इस अशांति और असंतोष के क्या कारण हो सकते हैं अर्थात् किन कारणों से समाज में अशांति है। इन कारणों का वर्णन हम आगे के अध्याय में करने जा रहे हैं।

****

अशांति और असंतोष का कारण

पिछले दो अध्यायों में हमने यह बताने की कोशिश की है कि वर्तमान में पूजा–पाठ व सत्संग का भारी प्रचलन है। परन्तु फिर भी घर, परिवार और समाज में अशांति व असंतोष देखने को मिलता है। आखिर ऐसा क्यों ? इसी बात की चर्चा को लेकर हम अपने अनुभवों के आधार पर अपने आत्मविचार इस प्रकार प्रस्तुत कर रहे हैं–

सज्जनो। यह बात सारभौमिक सत्य है कि सभी धर्मों के लोग अपने अपने धर्मों के आदर्शों, सिद्धांतों और परंपराओं के अनुसार अपने अपने धार्मिक कर्मकाण्ड संपन्न करते हैं। जहाँ तक हिन्दू धर्म की बात है, लोग अपने मंदिरों में जाते हैं, देवी देवताओं के दर्शन करते हैं, पूजन करते हैं तथा वापिस आ जाते हैं। इसके अतिरिक्त जहाँ और जब भी मौका मिलता है, श्रीसत्यनारायण कथा, अखंड रामायण अथवा कीर्तन सत्संग में भी भाग लेते हैं। वैसे तो घर–घर पूजा–पाठ की परंपरा वर्षों से चली आ रही है। इसी प्रकार मुस्लिम भाई भी नमाज़ पढ़ने के लिए परम्परागत रूप से अपनी मस्जिद में चौबीस घंटों में पांच बार जाते हैं। रमज़ान के महीने में सभी मुस्लिम भाई, बहन व बच्चे पूरे एक महीना रोज़ा

रखते हैं तथा कठिन व्रत रखते हैं। इसी प्रकार सिक्ख धर्म के समर्थक भाई, बहनें व बच्चे अपने गुरुद्वारा जाकर अपने गुरु नानक साहिब के तख्त पर माथा टेक कर अपनी हाज़िरी लगाते हैं। ठीक इसी क्रम में ईसाई धर्म व जैन धर्म के भाई, बहनें व बच्चे भी अपने हिसाब से अपने अपने धार्मिक स्थलों पर जाकर अपने गुरूदेव व इष्टदेव से 'कृपा' प्राप्त करते हैं।

हमारा कहने का भाव यह है कि लोगों के द्वारा पूजा–पाठ में, भगवान की भक्ति में एवँ पूज्य आचार्यों के प्रवचनों को श्रवण करने में किसी भी प्रकार की लापरवाही नहीं बरती जाती है। तो फिर सज्जनो, यह बात रही "धार्मिक प्रयोगशाला" की। जब हम सामाजिक प्रयोगशाला में पैर रखते हैं जहाँ हर वर्ग, जाति, धर्म व संप्रदाय के लोगों से वास्ता होता है व संपर्क होता है। साथ ही साथ जहाँ पर उनके व्यवहार, चाल–ढाल, भाषा, बोलचाल, स्वभाव, आदत व मिज़ाज आदि की अच्छी खासी परख हो जाती है। तो पता चलता है कि अपने इष्ट देव की भक्ति में लीन होने के बावजूद भी उनमें वही अहं, वही क्रोध, वही ईर्ष्यालु प्रवृत्ति, देखने को मिलती है जो पहले से ही चली आ रही है। तो फिर हमारे विचार से ऐसा नहीं होना चाहिए। बस समझिये, यही अशांति और असंतोष का कारण है।

हमारे पूज्य महापुरुष अपने सत्संग में सदैव यही उपदेश देते हैं कि अपने धर्म के प्रति आस्था व निष्ठा रखो। अपने इष्ट देव के प्रति अटूट श्रद्धा व विश्वास रखो। अपने परमपूज्य गुरूदेव के द्वारा बताये हुए रास्ते पर चलने का प्रयास करो। यदि हम इनमें आस्था व निष्ठा नहीं रखते हैं। यदि हम इनमें श्रद्धा व विश्वास नहीं रखते हैं। इनके बताये हुए मार्ग से हटकर चलते हैं एवं अपना पुराना रवैय्या बदलने में आनाकानी करते हैं एवं अपने स्वभाव व आदतों में सुधार करने का प्रयास नहीं करते हैं तो समझिये हम अपने आराध्य को व अपने परम पूज्य गुरूदेव को सिर्फ़ और सिर्फ़ एक मात्र धोखा दे रहे हैं। इतना ही नहीं महापुरुषों के कथनानुसार हम अपने माता–पिता के निर्देशों की अवहेलना करके उन्हें भी धोखा दे रहे हैं। जिन्होंने अनेकानेक मुसीबतों को सहन करते हुए हमें सब कुछ करने योग्य बनाया है।

सज्जनो, हमें याद होना चाहिए कि सृष्टि सृजन कर्ता द्वारा प्रदत्त यह मानव शरीर एक अनमोल उपहार है। एक अद्भुत् धरोहर है। उसने इंसान को बड़े ही सोच समझकर भेजा है कि वह इस धरा पर अच्छे कार्य करे, श्रेष्ठ विचार अपनाये, सत्कर्म करे, अपने बच्चों को अच्छे संस्कार दे, पूजा–पाठ करे, सत्संग करे, अपने धर्म की रक्षा करे एवँ अपने धर्म

से शिक्षाएं ग्रहण करे। इतना ही नहीं उस सृष्टि सृजन कर्ता ने मनुष्य को एक सुन्दर शक्ल के साथ भेजा है। उसने सद्बुद्धि व सद्विवेक के साथ भेजा है। गंगा जल की तरह पवित्र हृदय के साथ भेजा है। हिमालय जैसे उच्च आदर्शों के साथ भेजा है। पृथ्वी जैसा धैर्य तथा समुद्र जैसी गंभीर दिव्य चेतना के साथ भेजा है। इतना ही नहीं उसने इंसान को एक हँसती–मुस्कराती जिंदगी जीने के लिए भेजा है।

यह भी सार्वभौमिक सत्य है कि परमेश्वर ने हमें जो दो हाथ दिए हैं, सत्कर्म करने के लिए दिए हैं न कि हिंसात्मक कार्य करने के लिए। उसने हमें दो आँखें दी हैं, दूसरों में अच्छाई देखने के लिए न कि बुराई देखने के लिए। उसने हमें दो कान दिए हैं, अच्छी बातें सुनने के लिए न कि अश्लील व भद्दी बातें सुनने के लिए। उसने हमें जिह्वा दी है, मधुर व विनम्र वाणी बोलने के लिए न कि गाली–गलौज़ व कटु वाणी बोलने के लिए। उसने हमें बुद्धि व विवेक इसलिए दिए हैं कि हम परिश्रम व ईमानदारी से धनोपार्जन करें तथा अपने परिवार का भरण–पोषण करें। अपने बच्चों को संस्कारपरक व रोजगारपरक शिक्षा दिलायें। उन्हें सादगी भरा जीवन जीना सिखाएँ। बुजुर्गों को सम्मान देना सिखायें। अपने धर्म

व संस्कृति के प्रति प्रेम, श्रद्धा व विश्वास जगाना सिखायें।

अब हम अपने मूल विषय पर आते हैं कि इतना सब कुछ जानने व समझने के बावजूद भी घर, परिवार, समाज अथवा राष्ट्र में अशांति व असंतोष आखिर क्यों है? आखिरकार मनुष्य दुःखी क्यों है ? हमारे विचार से इसका एक ही कारण है कि मनुष्य में मौजूद अहंकार, क्रोध, ईर्ष्या, असहिष्णुता जैसी विकृतियों ने इंसान के दिल व दिमाग को बुरी तरह जकड़ कर रख लिया है। ये विकृतियाँ उसके चित्त में इस प्रकार घर कर गयी हैं कि वे उसमें से निकलने का नाम ही नहीं ले रही हैं। जिसके कारण उसका मन अशान्त रहता है। वह शांति के लिए कभी अपने धार्मिक स्थल पर जाकर अपनी हाज़िरी लगाता है तो कभी अपने इष्ट देव से दुःख निवारण हेतु गुहार लगाता है। धार्मिक पुस्तकें पढ़ता है। कथा भागवत सुनता है। वहाँ उसे शांति तो मिलती है, परन्तु स्थायी शांति नहीं मिलती है यह हमारा व्यक्तिगत अनुभव है।

यह भी सत्य है कि चाहे घर–परिवार हो, चाहे गाँव, कस्बा, नगर अथवा महानगर हो, वहाँ पर निवास करने वाला हर नागरिक स्थायी सुख–शांति चाहता है। वह सदैव प्रशन्नचित्त व खुशहाल रहना चाहता

है। वह स्वस्थ और तनाव रहित रहना चाहता है। वह अपनी हंसती मुस्कराती जिंदगी जीना चाहता है। परन्तु खेद का विषय है कि वह अपने चित्त में मौजूद विकृतियों को छोड़ना नहीं चाहता है। वह अपने चिंतन, चरित्र व व्यवहार में श्रेष्ठता, सरलता व शालीनता नहीं लाना चाहता है। वह अपने स्वभाव में मधुरता व विनम्रता नहीं लाना चाहता है। वह अपनी भाषा में सौम्यता व मृदुलता नहीं लाना चाहता है। तो फिर समझिये घर, परिवार व समाज में फैली हुई अशांति व असंतोष का यही मुख्य कारण है।

*****

स्थाई शांति संदेश

पिछले अध्यायों में हमने यह बताने का प्रयास किया है कि हमारे तत्व वेत्ताओं व मनीषियों द्वारा निर्धारित परंपरागत पूजा–पाठ, सत्संग आदि का प्रचलन जो अनादि काल से चला आ रहा है। इसे शिरोधार्य एवं स्वीकार करते हुए ही आज हम सभी इस प्रचलन को संपूर्ण विधि –विधान के अनुसार न सिर्फ़ इसका अनुपालन कर रहे हैं वल्कि इस धार्मिक कर्मकांड की परंपरा को अनवरत रूप से आगे भी बढ़ा रहे हैं। साथ ही साथ हमने यह भी बताया है कि धार्मिक क्रिया कलापों का पूर्ण निर्वहन करते हुए भी घर, परिवार और समाज में अशांति और असंतोष का वातावरण देखने को मिलता है। पारस्परिक मनमुटाव व मतभेद देखने को मिलते हैं आखिर ऐसा क्यों? अब हम इस अध्याय में इस बात पर चर्चा करेंगे, चिंतन और मंथन करेंगे कि हमें कलयुग में स्थाई शांति किस प्रकार प्राप्त हो सकती है।

सज्जनो! समाज में रहकर हमने यह भी देखा है कि परिवार में स्थाई शांति के लिए इंसान अपनी क्षमता के अनुसार अधिक से अधिक समय तक पूजा–पाठ करने की बात सोचता है। अधिक से अधिक दान करने की बात सोचता है। इतना ही नहीं

वह अपने परिवार में अधिक से अधिक आर्थिक संसाधन जुटाने की भी भरसक कोशिश करता है। लेकिन जब हम लोगों से संपर्क करते हैं तथा उनसे संवाद करते हैं तब हमें यही जवाब मिलता है कि उपरोक्त कार्यक्रमों से उन्हें जो सुख मिलता है , जो शांति मिलती है अथवा जो संतोष मिलता है उससे उन्हें संतुष्टि तो मिलती है परंतु वह संतुष्टि अधूरी होती है यानी अपूर्ण होती है।

सज्जनो! तो फिर इसी अधूरी संतुष्टि को ही हम अस्थायी शांति कहकर पुकारते हैं। इस अस्थायी शांति की यह विशेषता होती है कि यदि हमारी वार्षिक आय आज दस हजार रुपये है तो यह हमारी इच्छा होती है कि अगली वर्ष हमारी वार्षिक आय कम से कम एक लाख तो होनी ही चाहिए। इससे हमारी इच्छा तो पूर्ण हो जाती है। लेकिन अगले वर्ष के लिए चार लाख रुपये की इच्छा और जाग्रत हो जाती है। कहने का भाव यह है कि इस प्रकार की इच्छा से परिपूर्ण होने पर ऐसा नहीं है कि हमें शांत नहीं मिलती हो, शांति अवश्य मिलती है। परन्तु परिवार में रहते हम पूर्ण शांति का अनुभव नहीं कर पाते हैं। जबकि हमें पूर्ण अथवा स्थाई शांति की नितांत आवश्यकता है।

अब यह प्रश्न उठता है कि आखिरकार परिवार में रहते हमें स्थाई शांति कैसे मिल सकती है। तो फिर हमने इस विषय पर गंभीरता पूर्वक चिंतन किया है, मंथन किया है, अन्वेषण किया है तथा पारिवारिक प्रयोगशाला में प्रैक्टिकल भी किया है। परिणाम स्वरूप इससे जो हमने निष्कर्ष निकाले तथा जो अनुभव प्राप्त किए उन्हें संज्ञान में लेते हुए हम जो सुझाव प्रस्तुत कर रहे हैं वे इस प्रकार हैं–

सर्वप्रथम हमारा यह कहना है कि अपने परिवार में परंपरागत रूप से अपने आराध्य व अपने परम पूज्य गुरुदेव की पूजा–आरती अनवरत रूप से जो चली आ रही है तो उसे नियमानुसार व क्षमता अनुसार चलाते रहें। चाहे वह आराधना 5 मिनट की हो, 10 मिनट की हो अथवा 30 मिनट की क्यों न हो। क्योंकि ऐसा करना अपने धर्म के प्रति श्रद्धा और विश्वास को मजबूत करना होता है। जब हमारे अंदर अपने धर्म के प्रति, अपने इष्ट देव के प्रति एवं अपने पूज्य गुरुदेव के प्रति जितनी निष्ठा व विश्वास होगा उतने ही मन से हम पूजा–अर्चना, जप–तप, साधना आदि धार्मिक कर्मकांडों में अधिक दिलचस्पी ले सकेंगे अर्थात् हम अपने पूरे मन से इन कर्मकांडों को संपन्न करते रहेंगे।

कहने का भाव यह है कि राभी धर्गावलंबी जितना अपने सच्चे मन से एवं विश्वास व श्रद्धा के साथ कर्म—कांडों को संपन्न करेंगे उतना ही उन सब का अंतःकरण पवित्र और परिपुष्ट होगा। उनका अंतःकरण जितना पवित्र और परिपुष्ट होगा उनके अंतः करण में प्रतिष्ठित आसुरी मनोवृत्तियों का उतना ही विनाश होने लगेगा। साथ ही साथ उनके स्थान पर दैवीय मनोवृत्तियों का प्रादुर्भाव भी होने लगेगा। इस प्रकार जब हम सभी इंसान इस लघु कर्मकांड को अपने जीवन का एक हिस्सा बना लेंगे तो सज्जनों एक दिन ऐसा भी आएगा जब हमारे अंदर की विकृतियां धीरे—धीरे कम होती जायेंगी। परिणाम यह होगा कि हमारी शांति में बाधक बनने वाले तत्व यानी अहंकार, क्रोध जैसे विचार हमारे मन और चित्त से किनारे लगते जाएंगे। उनके स्थान पर दया, करुणा, परोपकार, सेवा आदि सद्गुण प्रविष्ट होते चले जाएंगे। जिसका परिणाम यह होगा कि निश्चित रूप से हमारे चित्त और मन में स्थाई शांति की स्थापना होने लगेगी।

सज्जनों! उपरोक्त पूजा—उपासना पद्धति के अनुपालन के साथ—साथ परिवार में स्थाई शांति की स्थापना के लिए एक कार्य और करना होगा कि प्रतिदिन प्रातः कालीन जागरण के समय जब सारा

वातावरण एकदम शांत रहता है यानी कोलाहल मुक्त होता है, अपने बिस्तर पर बैठकर अपने परम पूज्य गुरुदेव का ध्यान करें तथा उनसे आशीर्वाद ग्रहण करें। तत्पश्चात् अपने भगवान की उपासना करें, आराधना करें, संवाद करें व उनसे प्रेम करें। अपने नेत्र बंद कर उनके दिव्य दर्शन करें। उनके नेत्रों को अपने नेत्रों से निहारें व आंसू बहावें। तत्पश्चात् उनसे एक भाव भरा विनम्र निवेदन करें कि आप हमें ऐसी शक्ति और साहस दें कि हम अपने अंदर मौजूद बुराइयों को सहर्ष धीरे–धीरे छोड़ते चले जाएं। यह कार्य मात्र 30 मिनट का है। यह कार्य रात में सोते समय भी करना है। तत्पश्चात् प्रातः अपना बिस्तर छोड़ें तथा पृथ्वी मां व अपने माता–पिता के चरण स्पर्श करके अपने नित्य कार्यों में लग जावें।

इस प्रकार मुझे पूर्ण विश्वास है कि यदि हम उपरोक्त बताए हुए मार्ग पर सुचारू रूप से अनवरत रूप से चलते रहे तो यह मार्ग हमारी जिंदगी को बदलने में पूर्ण समर्थ व सक्षम होगा। हमारा चिंतन सकारात्मक होगा। हमारा मन सदैव निर्मल होगा। वाणी में मधुरता होगी। पारस्परिक भाई–चारा होगा। प्रेम से रहने का स्वभाव बनेगा। बुराइयों के प्रति घृणा व नफ़रत होने लगेगी। सामंजस्यता व तालमेल से कार्य करने की आदत बनेगी। बस यही स्थाई शांति

है जिसे पाने के लिए इंसान पता नहीं कहां–कहां तथा किन किन लोगों के पास भटकता फिरता है।

*****